'왕교수'가
알려주는

부자되는
100억 경매

이주왕 지음

도서
출판 오스틴북스

머리말

정확히 5년전에 이 책을 세상에 내놓았습니다. 새삼스럽게 다시 내놓자니 민망하기도 하네요. 중고서적에서는 그 가격이 30만원 가까이 간다고 합니다. 나름대로 이책의 수요가 계속 창출되고 있구나. 그래서 현재 공법 법규에 맞게 새롭게 편집해 책을 내놓습니다.

많은 분들이 경매를 배워 수익을 내려 합니다. 아이러니 하게도 그들은 공부하는 것보다는 돈 버는 것에 더큰 비중을 둡니다. 경제적 자유를 누린다는 목적이 나쁜 것은 아니지만 학습을 통한 실력 향상을 전제로 경쟁력 있는 투자를 해야 한다는 것을 간과합니다.
쉽게 배운 지식으로 큰 돈을 벌 수 있다는 착각으로 투자한다는 것은 모험입니다.
돈을 벌기 위한 공부를 합시다. 실력을 위해서 경쟁력 있는 투자를 해야 합니다.

경매에 대한 교육이 민법적 내용으로 치중되어 있습니다. 그러나 부동산 경매임을 잊지 말아야 합니다. 부동산 경매는 부동산 관련 공법이 수없이 상호 반복 작용과 입체적 영향을 주며 그에 따라 부동산 환가가치에 변동을 줍니다. 이를 확인하지 못하고 경매에 들어가는 것은 마치 눈을 감고 운전하는 것과 같습니다.
부동산 관련 법규는 계속 바뀌며 하나의 법규가 바뀜으로 연동된 여러가지 관련된 법규가 상호작용 하게 됩니다. 그 결과는 부동산 가치가 크게 바뀌게 되지요.
이 책이 부동산 경매를 준비하는 분들에게 실질적으로 우리가 부를 축적하기 위해 어떠한 지식을 연구하고 접근하여 부동산 문제 해결을 해야 하는지 제시하는 답이 되기를 기도합니다.
아울러 25년간의 부동산 개발 경력과 강의 경력을 계속 표출하기 위하여 '도로경매이야기', '수용경매이야기 시리즈로 책을 내려 합니다.
여러분 모두가 이 책을 통해 부의 축적을 도움 받기를 기도하며 언제나 저에게 힘이 되시는 주님께 감사드리며 글을 마칩니다.

차례

PART 01
공법이란 무엇인가

- 왜 경매를 하는가? 12
- 부동산 공법이란 무엇인가? 17
- 공법경매란 무엇인가? 19
- 토지이용규제를 확인하라 23

PART 02
용도지역, 용도지구, 용도구역

- 용도지역이란? 30
- 개발하자 – 도시지역 34
- 허용하는 만큼만 지어라 – 건폐율, 용적률 42
- 보전하자 – 보전지역 46
- 애매하다 – 관리지역 47
- 햇빛 받자 – 일조권 49
- 용도지구란 무엇인가? 52
- 각종 지구마다 어떤 규제가 있을까? 54
- 용도구역이란 무엇인가? 69

PART 03
건축법

- 건축법의 용어정의부터 섭렵하라 74
- 건물 입점 시 주의하라 77
- 사전결정통지를 조심하라 79

- 재량처분 유의할 것　　　　　　　　　　　　　　　81
- 건축허가제한지역 득실을 따져라　　　　　　　　82
- 가설건축물을 구분하라　　　　　　　　　　　　84
- 건축선을 염두하라　　　　　　　　　　　　　　85
- 대지의 분할제한을 조심하라　　　　　　　　　　87
- 대지안의 공지를 유념하라　　　　　　　　　　　89
- 가로구역 높이제한을 파악하라　　　　　　　　　91

PART 04　건축법과 경매투자 방법

- 건축허가권의 승계　　　　　　　　　　　　　　94
- 건축허가 받은 토지가 착공 신고 전인 경우　　　95
- 건축허가 후 착공신고가 된 경우　　　　　　　　98
- 사용승인 받은 건물의 토지만 경매로 나온 경우　104
- 제시외건물인 경우　　　　　　　　　　　　　　105

PART 05　법정지상권과 경매투자

- 법정지상권 성립요건(민법)　　　　　　　　　　110
- 건축주 명의변경의 함정　　　　　　　　　　　　113
- 토지임차권과 법정지상권의 함정　　　　　　　　116
- 가설건축물의 법정지상권?　　　　　　　　　　　121

차례

PART 06

주택법, 택지개발 촉진법

- 주택법의 존재이유   124
- 주택단지 경매물건 조심!   125
- 득과 실의 갈림길 – 매도청구   127
- 택지개발 촉진법 – 택지개발예정지구   130
- 득이 될 수 있는 환매권   133

PART 07

도시정비사업

- 정비사업이란 무엇인가?   136
- 주거환경개선사업   138
- 공익적 성격이 강한 재개발사업   143
- 재건축사업   145
- 재개발 사업으로 전환   147
- 악성환권을 조심하라   149
- 미니 재개발이라 볼 수 있는 가로주택정비사업   151
- 재정비 촉진지구   153

PART 08

재개발 재건축 경매 함정 탈출하기

- 입찰 전 이것을 꼭 확인하라   156
- 조합원의 지위를 확인하라   161
- 청산날짜를 확인하라   165
- 구상금액이 있는지 파악하라   167

PART 09 수용예정지 찾는 법

- 나도 보상 한 번 받아보자 170
- 수용예정지임을 눈치 채자 1 171
- 수용예정지임을 눈치 채자 2 172
- 수용예정지임을 눈치 채자 3 177
- 수용예정지임을 눈치 채자 4 180
- 보상가 산정원칙 183
- 조기수용권 발동 186
- 실시계획은 언제인지 188
- 얼마 보상 나올까? 191
- 도시계획시설 투자기법 193
- 단계별 집행계획을 파악하라 195
- 가설건축물에 속지 마라 197
- 제대로 보상받는 법 199
- 감나무 밑에서 기다리자 202

PART 10 미불용지 투자법

- 돈 되는 미불용지를 찾아라 206
- 가짜 미불용지를 조심하라 1 209
- 가짜 미불용지를 조심하라 2 211
- 영구적 미불용지를 조심하라 213

차례

PART 11

도로법

- 도로란 무엇인가? 216
- 도로의 범주 218
- 도로 특례를 알아두자 221
- 현황도로 222
- 대지와 도로의 관계 224
- 도로의 구분 226
- 사도법 230
- 도로부지 투자 특급노하우 232
- 하천부지 투자 특급노하우 235

PART 12

농지법, 농어촌 정비법

- 농지란 무엇인가? 240
- 농지취득자격증명원 241
- 자경의 원칙 245
- 처분명령을 조심할 것 246
- 농지의 구분 249
- 행위제한 250
- 그 공장이 아니야 252
- 농업인주택 254
- 농지의 전용 256
- 농지전용이 불가능한 경우도 있다 258
- 기존 농지전용여부를 꼭 살펴라 260
- 농지 타용도 일시사용허가 261

- 생활환경정비사업 대상인지 살펴라   262
- 종전 신고인의 지위 승계여부   264

PART 13 산지관리법

- 산지란 무엇인가?   268
- 보전산지 – 임업용산지   270
- 임업용산지의 행위제한   271
- 보전산지 – 공익용산지   273
- 공익용산지의 행위제한   275
- 준보전산지   277
- 산지전용이란?   279
- 산지전용허가기준   281
- 산지전용신고   284
- 산지전용・일시사용제한지역   285
- 임야 경매 입찰시 신중하라   288
- 나무 베는 벌기령   290

차례

PART 14 경매의 꽃 - 공장경매

- 개발 중인 공장의 경매투자 비법 · 294
- 7가지, 반드시 체크하라 · 297
- 개발 완료된 공장의 경매 투자비법 · 303
- 화재보험을 알아보아라 · 305
- 용도지역을 봐라 · 306
- 전용기간을 따져라 · 307
- 폐기물 우습게 보다 큰 돈 날린다 · 309
- 가격의 거품을 조심하라 · 311
- 공장크기와 도로크기의 함수 · 313
- 높이 보아라 · 315
- 명도의 심각성을 생각하라 1 · 317
- 명도의 심각성을 생각하라 2 · 319
- 명도의 심각성을 생각하라 3 · 320

PART

01

공법이란 무엇인가

··· 왜 경매를 하는가?
··· 부동산 공법이란 무엇인가?
··· 공법경매란 무엇인가?
··· 토지이용규제를 확인하라

왜 경매를 하는가?

그대여, 왜 경매를 하는가?

경매를 하는 이유는 일반매매물건보다 싸게 부동산을 취득하려는 목적이 있을 것이다. 하지만 경매는 목표달성을 위한 수단이지 종국적인 목표가 되어서는 안 된다. 예를 들어 부동산으로 10년 안에 10억을 벌겠다는 목표를 세우면 그 달성을 위한 수단으로 경매, 시행사업, 임대사업 등 다양한 수단 중의 일부분이 경매라는 것이다.

얼마의 금액을 써서 낙찰 받을지가 아닌 얼마의 수익을 얻고 나올 것인지를 먼저 생각해야 한다. 감정가 10억인데 5억이니 싸다고 낙찰 받을 것이 아닌 얼마에 팔 수 있을지 출구전략을 먼저 고려해야 한다는 것이다. 필자의 수업을 들어보신 독자들은 필자가 누누이 강조하는 출구전략의 중요성을 알 것이다.

입지론 + 필지론

부동산에는 입지론과 필지론이 있다.

입지론은 where이다. 어디에 있는가? 정말 뜨는 곳인가? 라는 그 입지가 존재하는 지역의 특성을 알아보고 면밀히 분석하고 로컬(local)이라는 개념으로써 장래의 성장가능성을 고려해야 한다.

필지론은 how이다. 어떻게 개발할 것인가? 어떻게 수익을 낼 것인가? 하는 문제를 염두해 두어야 한다. 결국, 행위제한의 범주 내에서 원하는 목적의 이용가능성을 찾아내야 한다.

부동산 투자를 하기 위해서는 입지론과 필지론의 균형이 맞아야 한다. 두 가지 모두 고려하여야 불측의 손해를 보는 일이 없다.

법은 목적 달성을 위해 행위제한을 한다. 이것이 바로 부동산 공법이다.

정선에 관광특구가 지정되며 카지노가 들어오자 기획부동산이 그 주변 토지들을 일제히 쪼개어 팔아먹는 일이 많았다. 토지를 매입한 일반사람들은 카지노 바로 옆 땅이니 분명 가치가 높다고 생각하고 샀지만 간과한 사실이 있다. 카지노 일대가 관광특구로 입지가 좋아진 것은 맞지만 그 주변 토지까지 행위제한을 풀어 준 것은 아니다. 여전히 공법상 규제로 묶여 있어 개발을 할 수 없는 것이다. 할 수 있는 행위라고는 농사, 양봉 등의 1차 산업만이 가능하며 단독주택마저 불가능했다.

경매로 투자를 한다면 그 지역의 입지가 어떤지를 먼저 살펴라. 국가계획으로 대규모 공개발(수용)이 있는지 민간기업 매입 개발계획이 있는지 살펴봐야 한다.

입지를 보았으면 이번엔 필지를 따져봐야 한다. 입지가 아무리 좋아도 해당 필지가 어떤 공법제한을 받고 있는지에 따라 해당 필지의 매입여부가 결정되기 때문이다.

경매 감정가 10억인데 현재 5억까지 유찰되었고 이에 법정지상권이 불성립하거나, 허위 유치권이라는 판단에 이것을 깰 자신감만 가지고 낙찰 받는다면 과연 옳은 결정일까? 10억 짜리를 5억에 샀으니 5억을 번 것일까?

단순 경매의 시각으로 특수물건에 투자하는 것은 위험하다.

민법적 법정지상권, 유치권의 성립요건만을 들어 낙찰을 받는다면 하나는 알고 둘은 모르는 것이다. 그 해당 필지가 갖고 있는 민법적, 공법적 행위제한을 내가 풀어갈 수 있는 필지론과 그 필지가 속하는 입지분석을 통해 과연 수익을 낼 수 있는 것인지 살펴봐야 한다.

특수물건을 낙찰 받았다고 자랑하는 분들이 있다. 내 경험상 강력한 입지론을 가진 경우는 웬만한 필지론은 해결 가능성이 있다. 물론 공익용산지, 비오톱 1등급, 자연생태 보전지구 등 겹겹이 강력한 규제들로 꽁꽁 묶여있는 땅이라면 입지가 아무리 좋아도 해결할 수 없는 필지론이 있다. 이런 경우를 제외하고는 웬만하면 해결이 가능하다는 것이다.

민간개발인 경우 2/3 이상의 토지를 확보해야 나머지 1/3의 수용권을 부여하기 때문에 이런 개발계획을 눈여겨 본 사람이라면 주변의 하찮아 보이는 땅들을 사들이는 경우가 바로 이런 경우다. 2/3의 권원 확보에 해당하기 전까지는 비싸게 팔 수 있기 때문이다. 따라서 당장 눈에 보이는 입지도 중요하지만 앞으로 어떻게 개발될 것인가를 아는 개발계획 입지론이 아주 중요하다.

부동산에서 투자에 80점, 90점은 없다. 단지 0점과 100점만이 존재할 뿐이다. 하나의 부동산에도 수 십여 가지의 공법들이 입체적으로 서로 엮여 있어 정확하게 도해하지 않고 자칫 오판을 하면 재산적으로 큰 손해를 볼 수 있다. 환가를 못하는 맹지가 되어 대대손손 물려주는 부동산일 수 있다는 얘기다. 투자로선 0점인 것이다.

부동산공법에 복합적이고 입체적인 매커니즘을 낱낱이 도해하고 정확한 투자 포인트를 알기위해선 공법을 깊이 있게 공부해야만 한다.

100전 불패

목표가 있어야 한다. 타깃을 정해야 한다.
싸다고 무턱대고 낙찰 받으면 앞으로 남고 뒤로 손해 볼 수 있다. 경매 낙찰시 2등과의 가격 차이가 근소하다면 기분이 더 좋을 수는 있다. 하지만 해결방안이 없는 물건을 근소한 차이로 낙찰 받았다고 수익이 더 좋아지는가? 아니지 않은가. 그렇다면 왜 2등도 근소한 가격을 썼을까? 그 사람도 깊은 생각 없이 싸다는 이유로 입찰을 한 것이다.

해당 물건이 경매로 나오면 어떻게 팔 것인가, 어떻게 수익을 낼 것인가의 계획을 세워 그에 맞게 입찰가를 써야 한다. 싸다고 무턱대로 입찰가를 쓰는 게 아니란 말이다.

부동산을 제대로 알면 100전 불패의 게임을 할 수 있다. 다섯 건의 부동산에 투자해서 네 건은 이익보고 한 건은 자금이 묶여 있거나 실패했다면 이는 네 건의 이익이 헛것이 된다. 차라리 네 건 본전하고 한 건에서 이익 본 것이 낫다. 자금 규모가 큰 것이 부동산 투자의 특성이다.

100전 불패는 100번 싸워 이익을 보거나 본전을 할지언정 최소한 손해는 보지 않는다. 잃지 않는 게임, 이것이 부동산 공법의 매력이다.

부동산에서 수익을 내는 방법은 단순매각, 개발시행, 임대수익 등 여러 가지다.

단순매각의 방법으로는 수용, 도시개발사업 환지, 민간기업의 공개발(수용조건충족), 행위제한으로 인접 필지를 매입하는 경우 등 다양하다.

부동산 경매 기본지식을 습득하신 분들이 경매에 자신 있다는 생각을 하게 되는데 실제 이것만 알아서는 수익을 내기 힘들다. 경매는 부동산을 매각하는 형태인 만큼 부동산의 지식을 알고 있어야 한다.

공법, 세법, 감정 평가법, 공익사업 취득에 관한 수용의 법칙 등이 입체적으로 조화를 이룰 때 상당한 수익을 낼 수 있다.

누구나 쉽게 배워 들어오는 물건이라면 수익을 내기 힘들다. 다수의 경쟁자 속에 입찰가격은 높아지고 결과적으로 급매 물건보다 비싸게 낙찰 받는 우를 범하는 경우도 허다하다.

부동산 공법이란 무엇인가?

내 소유 토지가 있다.

이곳에 넓게, 높게 건물을 짓고 싶다. 내 땅이니 내 마음대로 짓는다는데 누가 뭐라 할 것인가. 민주주의 국가에서 내 땅을 내 맘대로 한다는데…

하지만 내 땅이어도 내 맘대로 할 수 없다. 국가에서 지정한 목적 테두리 안에서만 이용이 가능하다 할 것이다. 민주주의 국가에서 그게 무슨 말이냐고?

법이 그렇다.

> **대한민국헌법 제23조2항**
> 재산권의 행사는 공공복리에 적합하도록 하여야 한다.

법은 크게 공법(公法)과 사법(私法)으로 나눌 수 있다. 공법은 개인과 국가 간 또는 국가 기관 간의 공적인 생활 관계를 규율하는 법이며 사법은 사람의 사적인 생활영역을 규율한다.

공법은 당사자의 자유로운 의사에 의한 법질서 형성보다 국가의 공권력이 강하게 작용한다. 일반적으로 헌법, 형법, 민사소송법 등이 공법적 영역이며 부동산에서 공법은 국토의 계획 및 이용에 관한 법률, 건축법, 산지법, 농지법, 도시개발법, 공익사업을 위한 토지 등의 취득에 관한 법률 등 세부 법률이 다양하다. 이익의 침해에 대한 구제는 행정소송법 절차에 따른다.

사법은 사적 자치의 원리가 지배하여 당사자 사이의 자유로운 의사를 통한 법질서의 형성이 가능하며 민법, 상법 등이 사법적 영역에 속한다. 이익의 침해에 따른 구제는 민사소송의 절차에 의한다.

내 토지위에 내 맘대로 콩을 심으려 한다. 가능할까? 물론 가능하다. 콩 심을 것을 구청에 허락 받고 심는 것은 아니지 않은가. 하지만 이 토지위에 건물을 짓는다면 얘기가 달라진다. 짓고 싶다면 먼저 허가를 받아야 한다(경우에 따라서는 신고).

관련 국토계획법, 건축법 등으로 이미 규제를 해 놓았기 때문이다. 이렇게 개인의 부동산에 행위제한을 두는 법이 바로 부동산 공법이다. 만약 이를 무시하고 내 맘대로 짓는다면? 무허가 건축물로 인한 행정대집행 철거대상이거나 시가 표준액의 50%에 해당하는 금액을 위반면적에 곱한 이행강제금이 일 년에 두 번씩 매년 부과된다.

> 부동산 공법 ⇒ 행위 제한 ⇒ 수요량의 결정 ⇒ 부동산의 가치 ⇒ 부동산 가격 결정

공법경매란 무엇인가?

　부동산 경매를 하려면 보통 민사집행법, 주택임대차보호법, 상가건물임대차보호법, 민법(물권법, 채권법)을 배운다. 이를 토대로 권리분석을 하여 입찰을 하고 낙찰을 받는 직접적인 투자를 하신 분들이 계실 것이다. 물론 경매 공부를 이렇게 시작하는 것이 맞지만 부동산 경매를 하기 위해 배운 이 지식은 반쪽짜리에 불과하다.
　막상 실무를 하다보면 부동산 경매로 익힌 반쪽짜리 지식으로는 매우 위험하다는 체감을 하게 된다. 부동산 관련 법문들(공법)이 실질적으로 존재하는 데 이에 대한 지식이 없는 상태에서 경매를 하다보면 실무에서 부동산 공법이 등장하면서 이야기를 뒤엉켜 놓게 된다. 내가 알고 있던 반쪽짜리 지식으로 부동산을 대한다는 것이 얼마나 위험천만한지 실감하는 순간일 것이다.

　보통 고수들이 하는 경매물건 중 특수물건이 있다.
　특수물건의 대표적인 예가 주택임대차 보호법에서는 가장임차인(요즘 가장임차인은 특수물건 축에도 못 든다)이 있고 그 외 유치권, 법정지상권 등이 있다. 특수물건을 낙찰 받은 분들이 고수란 기쁨을 만끽하는 것도 잠시 의외로 해결과정에서 생각지 못한 변수가 등장하면서 낭패를 보는 경우가 많다.

공법을 모르면...

한 예를 보자.

A는 본인 소유의 토지에 건물을 짓고자 한다. 3층 건물을 지어 1,2층은 임대를 놓고 3층은 본인이 거주할 목적이다. 건축자금이 부족한 A는 토지를 담보로 대출을 받고 은행은 해당 토지에 저당권①을 설정한다. 이 후 구청의 건축허가②를 받고 착공신고③를 한다. 건축이 완공되면 사용승인④을 받고 건축물대장⑤이 만들어진다. 이 건축물대장을 기반으로 건물의 보존등기⑥가 탄생한다.

건물을 짓다가 중도에 자금난에 빠진 A가 공사대금을 지급하지 못하게 되자 건축은 멈추게 되고 건축업자는 못 받은 공사대금을 위해 유치권을 행사한다. 계속되는 은행 연체에 이 토지는 결국 경매시장에 등장하게 된다. 법정지상권 성립여지 있음, 유치권 행사 중 이라는 단어들이 매각물건명세서에 기록된다. 이에 유찰은 계속되고 50%까지 유찰된 가격에 특수물건의 고수라고 자칭하는 B가 이 물건을 낙찰 받았다. 토지에 저당권 설정 당시 건물이 없었고, 건물의 유치권은 토지만의 매각에서는 효력을 발휘할 수 없어 법정지상권과 유치권이 성립 안 된다는 것은 독자들도 알고 있을 것이다. 건물철거 소송에서 승소하여 철거를 완료한 B는 기쁨을 만끽하며 이렇게 돈 벌었네 경매 카페에 자랑을 하고 다닐지도 모른다. 감정가 5억 원의 토지를 2억 5,000만원에 확보했으니 말이다. 누가 봐도 낙찰자 B는 승, 토지주 A는 패이다.

정말 그럴까?

[PART 01 공법이란 무엇인가]

 깨끗하게 철거 된 이 토지에 B가 새로 건축을 하려고 구청을 찾아가면서 상황은 반전된다. 건축 인허가를 신청하던 B에게 청천벽력과 같은 구청 담당자의 목소리가 들려온다.
 "선생님, 그 토지는 종전 소유자의 인허가권이 살아있어 건축허가를 받을 수 없습니다. 한 필지에 두 개의 중복 인허가를 내 줄 수 없는 규정입니다."
 당황한 B, 담당자에게 무슨 방법이 없느냐고 묻는다.
 "방법은 두 가지입니다. 종전 소유자를 만나 인허가권을 취소시키게 하던지, 건축주 명의변경의 형식으로 인허가권을 승계하는 방법이 있습니다."

 B는 종전 소유주 A를 찾아가 인허가권 취소장에 인감도장을 찍어 달라고 통사정을 한다. 이에 A가 과연 순순히 도장을 찍어줄까? 어림없는 소리이다. 이미 건물철거 소송으로 감정이 상할 대로 상한 A는 도장은커녕 협상자체를 거부하며 아예 만나주지 않거나 아

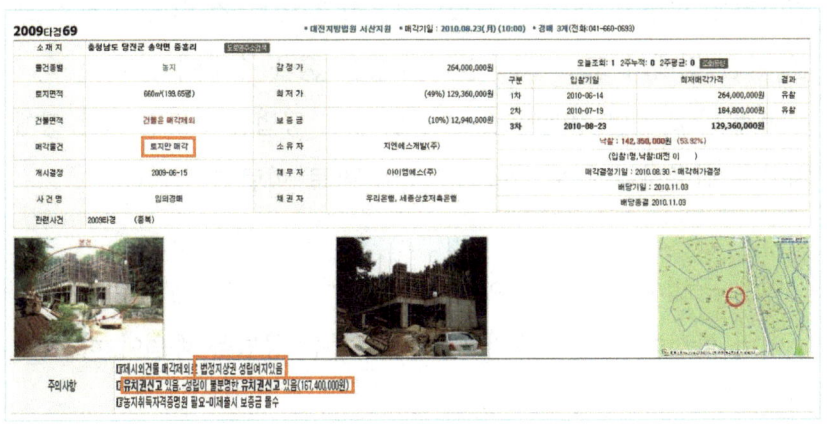

사진 실제 경매 사례

주 높은 금액의 협상액을 요구 할 것이다. B는 이 물건을 낙찰 받기 전에 먼저 인허가권을 해결하고 입찰에 들어갔어야 한다. 이 문제를 해결하는 방법은 공법적으로 몇 가지 대안이 있다. 대안을 미리 설명하기엔 이해해야하는 공법이 몇 가지가 있으므로 궁금하다면 강의를 들어보길 권한다.

"내가 이사 갈 전셋집 보증금도 없으니 2억을 내놓으면 도장을 찍어줄지 말지 고민 해 보겠소."

이해되었는가?

단순 민법적 해석으로는 낙찰자 B가 승리처럼 보였으나 공법적 해석으로는 A가 승, 낙찰자 B가 패가 된다.

재산적 가치에는 실체적 가치와 피상적 가치가 존재하는데 토지 주인 A는 토지라는 실체적 가치인 재산 외에 행위제한인 인허가권을 얻음으로써 피상적 가치도 취하게 되었다. 은행의 저당권은 토지에만 설정하였기에 경매를 통해 실체적 가치는 잃었지만 인허가권이라는 피상적 가치는 그대로 보유하고 있는 것이다. 이것을 모른 나름 경매의 고수 B는 결국 무릎을 꿇을 수밖에 없다.

이게 바로 공법 경매인 것이다. 앞에서, 공법을 모르면 기존 경매 지식은 반쪽자리에 불과하다는 것이 바로 이런 맥락이다.

이제 공법의 중요성이 이해되었는가?

이런 함정에 빠지지 않기 위해서 부동산 공법을 배워야 하는 것이다.

[**PART 01** 공법이란 무엇인가]

토지이용규제를 확인하라

　부동산 공법의 가장 기본은 해당 토지가 어떤 규제를 적용받고 있는지 알아보는 것이다. 각 필지마다 토지이용계획확인서가 존재하는데 이를 발급해 보는 것부터 시작이다. 이를 발급하는 곳은 토지이용규제정보서비스 luris.molit.go.kr 홈페이지다.

사진 1　루리스 – 토지이용규제정보서비스

　토지이용규제정보서비스(루리스 라고 부른다) 홈페이지에서 해당 필지의 지번을 적는다. 여기서 필지란 지적공부에 등록하는 토지의 단위이며 하나의 소유권이 미치는 범위를 인위적으로 구분하여 지번을 부여한 지역의 토지이다. 어느 일정 규모 이상의 토지를 필지라고 부르는 것이 아닌 1지번이 부여된 토지가 1필지다. 따라서 각각 필지마다 소유자, 소재지, 면적, 지목 등이 다르다. 각각의 필지는 일정 요건을 갖추면 합하여 하나의 지번을 부여받는 합필을 할 수도, 나누어 각각의 지번을 부여받는 분필을 할 수도 있다.

> 1필지 = 1지번

　해당 지번을 입력하면 이처럼 토지이용계획확인서가 열람된다. 해당 토지의 소재지, 지목, 면적, 개별공시지가, 국토의 계획 및 이용에 관한 법률 등에 따른 지역·지구 등, 다른 법령 등에 따른 지역·지구 등이 표기된다. 해당 토지가 어떤 공법적 규제를 적용받고 있는지 모두 적혀있는 것이다. 따라서 반드시 이 토지이용계획확인서를 읽을 줄 알아야 어떤 규제를 받는지 해석이 가능하여 이 토지를 살 것인지, 말 것인지, 입찰을 할 것인지, 말 것인지를 결정할 수 있다.

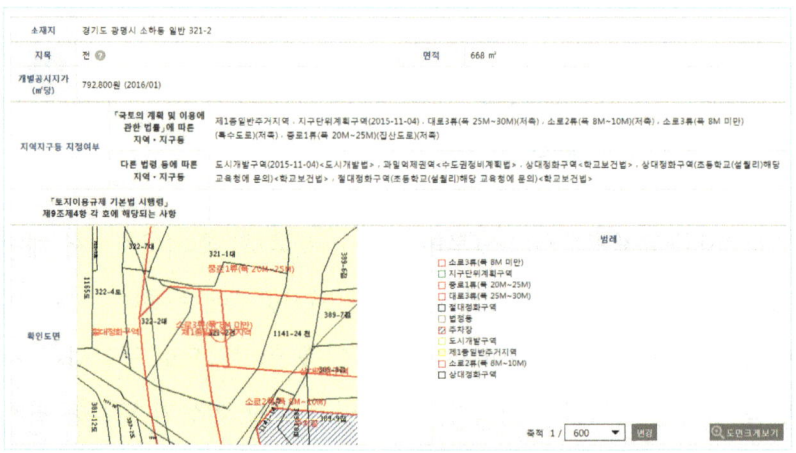

사진 2 토지이용계획확인서

① **소재지**: 현재 소재하고 있는 주소
② **지목**: 토지의 주된 용도에 따라 토지의 종류를 구분하여 지적공부에 등록한 것을 말한다. 해당 토지는 지목이 '전'으로 밭이라

는 뜻이다. 공간정보의 구축 및 관리 등에 관한 법률에서 지목을 28가지로 정하고 있다. 지목의 앞머리글자를 따서 부호로 적는데 주차장(차) 공장용지(장) 하천(천) 유원지(원)은 2음절이 부호로 표시됨을 기억하자(차장천원).

③ **면적:** 수평면상의 면적을 ㎡로 표시한다. 해당 토지는 668㎡로 202평 정도 된다.

면적단위가 ㎡로 통합된 지 꽤 되었지만 아직은 평으로 환산해야 감이 빨리 오시는 분들이 많다. 1㎡는 0.3025평으로 해당 ㎡에 이를 곱해도 되지만 계산기를 사용하지 않으면 다소 복잡해 보이는 이 계산을 간단히 할 수 있는 방법이 있다.

끝자리가 5 미만이면 버리고 3을 곱하고, 5 이상이면 반올림하여 3을 곱하는 것이다.

668㎡는 끝자리가 8이기에 반올림하여 67로 만들어 3을 곱하면

지목	부호	코드	지목	부호	코드
전	전	01	철도용지	철	15
답	답	02	제방	제	16
과수원	과	03	하천	천	17
목장용지	목	04	구거	구	18
임야	임	05	유지	유	19
광천지	광	06	양어장	양	20
염전	염	07	수도용지	수	21
대	대	08	공원	공	22
공장용지	장	09	체육용지	체	23
학교용지	학	10	유원지	원	24
주차장	차	11	종교용지	종	25
주유소용지	주	12	사적지	사	26
창고용지	창	13	묘지	묘	27
도로	도	14	잡종지	잡	28

사진 3 **28지목**

201이 나온다. 바로 이게 평인 것이다. 0.3025를 곱하는 것과 미세한 차이는 있지만 대략적으로 평으로 환산할 때 유용한 방법이다.

만약 514㎡라면 4를 버리고 51×3=153평으로 계산하면 정확한 평수인 155.4평에 근접하게 계산된다.

515㎡라면 5를 반올림하여 52×3=156으로 정확한 평수인 156평과 일치한다.

이렇게 빠르게 평을 계산하는 방법도 있다는 것을 팁으로 알려드린다.

④ **개별공시지가:** 792,800원(2016년 1월)

공시지가는 표준지공시지가와 개별공시지가로 나뉜다.

표준지공시지가란 국토교통부 장관이 전국의 개별토지 약 2,750만 필지 중 대표성이 있는 지가 50만 필지를 선정·조사하여 공시하는 것으로 매년 1월 1일을 기준으로 표준지의 단위면적당 가격(원/㎡)으로 표시하는 것으로 보상금 책정 시 기준이 되는 공시지가로 개별공시지가의 산정기준이 된다.

개별공시지가란 표준지공시지가를 기준으로 하여 시장, 군수, 구청장이 개별 필지의 지가를 산정한 가격으로 양도소득세·상속세·종합토지세·취득세·등록세 등 국세와 지방세는 물론 개발부담금·농지전용부담금 등을 산정하는 기초자료로 활용된다.

간단히 말하면 보상을 할 때는 표준지 공시지가로, 세금·전용부담금 등을 부과할 때는 개별공시지가를 기준으로 한다.

⑤ **국토의 계획 및 이용에 관한 법률 등에 따른 지역·지구 등:**
토지는 국토의 계획 및 이용에 관한 법률에 따라 용도지역, 용도지구, 용도구역으로 나뉜다.

국토의 이용·개발과 보전을 위한 계획의 수립 및 집행 등에 필요한 사항을 정하여 공공복리를 증진시키고 국민의 삶의 질을 향상시키는 것을 목적으로 한다. 이에 대한 자세한 설명은 다음 장에서 하기로 하자.

⑥ **다른 법령 등에 따른 지역·지구 등:** 국토의 계획 및 이용에 관한 법률 외 다른 법령에 따른 규제사항들을 표기하는 곳이다. 도시개발법, 수도권정비계획법, 농지법, 산지법 등 다른 법령에 관해 규제받고 있는 사항은 모두 이곳에 표기된다.

⑦ **확인도면:** 해당 토지의 지적·경계를 도면으로 표시한 것이다. 빨간색 줄로 그어져 있는 선은 도시계획시설도로임을 의미한다. 도시계획시설이란 도로·공원·시장·철도 등 도시주민의 생활이나 도시기능의 유지에 필요한 『국토의 계획 및 이용에 관한 법률』상의 기반시설 중 도시관리계획으로 결정된 시설을 말한다.

[왕교수가 알려주는 부자되는 100억 경매]

PART

02

용도지역, 용도지구, 용도구역

- 용도지역이란?
- 개발하자 - 도시지역
- 허용하는 만큼만 지어라 - 건폐율, 용적률
- 보전하자 - 보전지역
- 애매하다 - 관리지역
- 햇빛 받자 - 일조권
- 용도지구란 무엇인가?
- 각종 지구마다 어떤 규제가 있을까?
- 용도구역이란 무엇인가?

 용도지역이란?

앞에서 헌법에 재산권의 행사는 공공복리에 적합하도록 하여야 한다는 조항을 말씀드렸다. 그렇다면 공공복리에 적합한 기준을 어떻게 알 수 있느냐의 문제가 발생하는데 이를 다른 법률 등에서 규정하고 있다.

국토의 계획 및 이용에 관한 법률(약칭: 국토계획법)을 보면 제1조에 국토의 이용·개발과 보전을 위한 계획의 수립 및 집행 등에 필요한 사항을 정하여 공공복리를 증진시키고 국민의 삶의 질을 향상시키는 것을 목적으로 한다고 명시하고 있다. 이러한 법률 목적 아래 모든 토지마다 용도지역이 나뉘어져 있다. 나도 모르는 사이에 언제 나누어 놨냐고 물을 수 있는데 그 예전부터 법으로 나뉘어 놓았던 것을 관심이 없던 내가 몰랐을 뿐이다.

먼저 용도지역이 무슨 뜻인지 알아보자.

> **"용도지역"** 이란 토지의 이용 및 건축물의 **용도, 건폐율, 용적률, 높이** 등을 제한함으로써 토지를 경제적·효율적으로 이용하고 공공복리의 증진을 도모하기 위하여 서로 중복되지 아니하게 도시·군관리계획으로 결정하는 지역을 말한다.
> **(국토계획법 제2조15)**

용도지역은 크게 도시지역, 관리지역, 농업지역, 자연환경보전지역으로 나뉜다.(줄여서 도관농자). 여기서 도시지역은 다시 주거지역, 상업지역, 공업지역, 녹지지역으로 나뉘고(줄여서 주상공녹),

[**PART 02** 용도지역, 용도지구, 용도구역]

주거지역은 다시 1·2종 전용주거지역, 1·2·3종 일반주거지역, 준주거지역으로 세세히 나뉘는 방식이다.

✱ 용도지역의 세분

용도 법에 의한 지역 용도지역		시행령에 의한용도지역	구체적 내용
도시 지역	주거지역	전용주 거지역	
		제1종전용주거지역	단독주택중심의 양호한 주거환경을 보호하기 위하여 필요한 지역
		제2종전용주거지역	공동주택 중심의 양호한 주거환경을 보호하기 위하여 필요한 지역
		일반주 거지역	
		제1종주거지역	저층주택 중심의 양호한 주거환경을 보호하기 위하여 필요한 지역
		제2종주거지역	중층주택 중심의 양호한 주거환경을 보호하기 위하여 필요한 지역
		제3종주거지역	중, 고층주택 중심의 양호한 주거환경을 보호하기 위하여 필요한지역
		준주거지역	주거기능위주, 이를 지원하는 일부 상업 및 업무기능을 보완하기위하여 필요한 지역
	상업지역	중심상업지역	도심, 부도심의 상업기능 및 업무기능의 확충을 위하여 필요한 지역
		일반상업지역	일반적인 상업기능 및 업무기능의 확충을 위하여 필요한 지역
		유통상업지역	도시내 및 지역간 유통기능의 증진을 위하여 필요한 지역
		근린상업지역	근린지역에서의 일용품 및 서비스의 공급을 위하여 필요한 지역
	공업지역	전용공업지역	주로 중화학공업, 공해성 공업등을 수용하기 위하여 필요한 지역
		일반공업지역	환경을 저해하지 아니하는 공업의 배치를 위하여 필요한 지역
		준공업지역	경공업 그 밖의 공업을 수용하되, 주거, 상업 및 업무기능의 보완이 필요한 지역
	녹지지역	보전녹지지역	도시의 자연환경, 경관, 산림 및 녹지공간을 보전할 필요가 있는 지역
		생산녹지지역	주로 농업적 생산을 위하여 개발을 유보할 필요가 있는 지역
		자연녹지지역	도시의 녹지공간의 확보, 도시확산 방지, 장래 도시용지의 공급등을 위하여 보전할 필요가 있는 지역으로서 불가피한 경우에 한하여 제한적인 개발이 허용되는 지역
관리 지역		보전관리지역	자연환경보호, 산림보호, 수질오염방지, 녹지공간확보 및 생태계 보전 등을 위하여 보전이 필요하나, 주변의 용도지역과의 관계 등을 고려할 때 자연환경보전지역으로 지정하여 관리하기가 곤란한 지역
		생산관리지역	농업, 임업, 어업생산 등을 위하여 관리가 필요하나, 주변의 용도지역과의 관계 등을 고려할 때 농림지역으로 지정하여 관리하기가 곤란한 지역
		계획관리지역	도시지역으로의 편입이 예상되는 지역 또는 자연환경을 고려하여 제한적인 이용, 개발을 하려는 지역으로서 계획적, 체계적인 관리가 필요한 지역
농림지역			농업의 진흥과 산림의 보전, 육성에 필요한 조사와 대책을 마련하여야 하는 지역
자연환경보전지역			환경오염방지, 수질, 수자원, 해안, 생태계 및 문화재의 보전과 수산자원의 보호육성을 위하여 필요한 조사와 대책을 마련하여야 하는 지역

* 건폐율, 용적률의 최대한도는 관할구역의 면적 및 인구규모, 용도지역의 특성 등을 감안하여 상기 범위안에서 특별시, 광역시, 시 또는 군의 조례로 정한다.

이해가 잘되지 않는다면 예를 들어 쉽게 설명하겠다.

A가 토지를 소유하고 있다. 이 토지위에 건축법에 따라 숙박시설 건물을 지으려고 할 때 해당 토지의 용도에 따라 지을 수도, 짓지 못할 수도 있다. 건축물의 용도를 규정하는 것은 해당 필지의 용도지역이기 때문이다. 토지이용규제정보서비스 luris.molit.go.kr에서 해당 필지의 토지이용계획확인서를 검색하면 해당 용도지역이 기록

되어 있는데 이 용도지역에 해당하는 행위제한을 살펴보라는 뜻이다. 국토의 계획 및 이용에 관한 법률 시행령 별표에 각 용도지역에서 건축 가능한 행위들이 열거되어 있다.

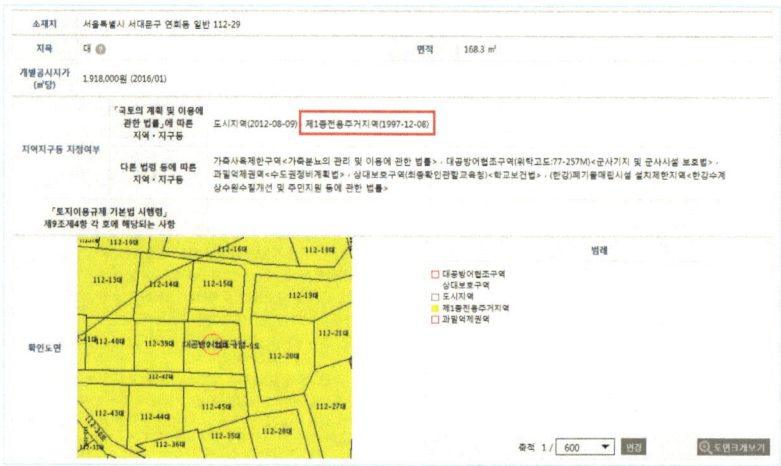

사진 4 용도지역 – 1종전용주거지역

사진 4-1

[**PART 02** 용도지역, 용도지구, 용도구역]

해당필지 1종전용주거지역에서 다가구 주택을 짓고 싶다면 국토의 계획 및 이용에 관한 법률 시행령 별표2의 내용을 살펴보아라. 여기에 다가구주택이 열거되어 있으므로 건축이 가능하다. 다가구주택이 아닌 숙박시설을 짓고 싶다면 이는 불가능하다. 해당 행위가 열거되어 있지 않기 때문이다. 즉 어떤 건축물을 지을 수 있는지는 그 땅의 용도지역이 결정한다고 볼 수 있다. 용도지역은 건축물의 용도, 규모에 있어 건축허가의 기준인 것이다.

개발하자 - 도시지역

전 국토를 놓고 보면 개발할 땅과 보전할 땅으로 나뉜다. 개발할 땅은 도시지역이라 하여 많은 인구가 유입되고 산업이 발전한다. 도시지역은 건물을 크고 높게 지어야 하며 다양한 용도의 건축물이 필요하므로 이를 세분하여 주거지역, 상업지역, 공업지역, 녹지지역으로 나눈다.

주거지역은 집을 짓고 사는 것을 목적으로 적정한 범위 내에서 건축물을 작게 짓도록 하는 지역이며 상업지역은 대형건물이 들어서고 네온사인이 밤을 밝히는 지역을 떠올리면 쉬운 곳으로 백화점, 의료시설, 위락시설, 숙박시설 등이 가능한 지역이다. 공업지역은 공장을 짓는 곳이며 녹지지역은 적정한 녹지공간을 확보하기 위한 지역으로 이러한 지역들이 알맞게 배치됨으로서 토지의 질서를 잡게 된다.

만약 이렇게 구분하지 않아 연접한 필지 한 곳에는 집을 짓고 옆에는 위락시설을 짓고 옆에는 공장을 짓는다면 집을 지은 사람은 시끄러운 위락시설 탓에 밤마다 잠을 자지 못하고 위락시설은 공장 매연에 피해가 막심하며 공장은 항의하는 주변 민원 탓에 공장 가동에 지장이 많다. 셋 모두에게 피해가 발생하게 된다. 이런 점을 방지하기 위해 이처럼 용도지역으로 구분해 놓은 것이다. 집을 지을 사람은 주거지역 땅을 사서 집을 짓고, 백화점 지을 사람은 상업지역 땅을 사서 짓고, 공장 지을 사람은 공업지역 땅을 사서 지으라는 얘기다.

이렇게 개발목적에 따라 도시지역을 주거, 상업, 공업지역을 구분해 놓았는데 나머지 녹지지역은 무엇일까?

녹지지역은 도시를 보호하기 위한 목적이다. 도시 공간 내 전체 지역을 다 개발하면 삭막해지고 도시 기능에 과부하가 걸린다. 빼빼하게 개발한 탓에 답답하고 공기 순환이 안 되며 내뿜는 온갖 유해한 환경 물질들로 도시 온도가 올라가 시민들이 질병에 걸릴 확률이 높아진다. 바닥이 콘크리트인 탓에 비가 오면 스며들지 못하여 하천이 범람하고 건물 안으로 넘쳐 들어오는 등 심각한 문제가 발생하므로 이를 예방하기 위해 도시지역 내 녹지지역을 지정하여 도시 여백 공간을 만든다. 이런 까닭에 녹지지역은 개발행위가 제한되는 경우가 많다. 주거, 상업, 공업지역은 시가지로 개발하고 녹지지역은 나무를 심고 가꾸어 도시를 쾌적하게 보전하자는 것이다.

주거지역

주거지역은 양호한 주거환경 유지 및 적정 주거밀도 등을 우선적으로 고려하여 지정되며, 일조권 및 사생활 보호를 위하여 가급적 정형화된 형태로 지정되어야 함은 물론, 일상생활에 필요한 교육시설, 생활용품의 구매시설, 기타 필요한 공공시설에 대한 접근성 및 이용의 편리성을 확보하는 등 주민의 일상생활 영위에 불편이 없도록 계획되어야 한다.

또한 단독주택, 중층주택, 고층주택 등이 적절히 배치를 통한 다양한 경관을 형성 및 스카이라인이 유지, 주거 단편화 방지를 위해 전용주거지역, 일반주거지역, 준주거지역으로 나뉜다.

양호한 주거환경을 보호하기 위하여 필요한 전용주거지역은 단독주택 중심의 제1종전용주거지역과 공동주택 중심의 제2종전용주거지역으로 구분된다. 편리한 주거환경을 조성하기 위해 필요한 일반주거지역은 저층주택 중심의 제1종 일반주거지역, 중층주택을 중심으로 하는 제2종일반주거지역, 중고층주택을 중심으로 하는 제3종 일반주거지역으로 구분되며 주거기능을 위주로 하며 이를 지원하는 일부 상업기능 및 업무기능을 보완하는 준주거지역이 있다.

상업지역

상업 및 그 외 업무의 편익증진을 위해 필요한 상업지역은 중심상업지역, 일반상업지역, 근린상업지역, 유통상업지역 등으로 나뉜다.
토지의 꽃이라 불리는 중심상업지역은 가장 핵심적인 곳으로 백화점, 의료시설 등이 건축될 수 있는 곳이다. 일반상업지역은 일반적인 업무용 시설을 건축할 수 있으며 근린상업지역은 주거지와 인접하여 재화와 서비스를 공급할 수 있는 지역이고 유통상업지역은 도시 내 지역간의 유통기능의 증진을 위한 곳으로 도시와 도시를 연결하는 기능을 하는 KTX역, 지역 생산물의 유통기능을 하는 도매시장 등이 있는 곳이다.

공업지역

　공업의 편익을 증진하기 위하여 필요한 공업지역은 전용공업지역, 일반공업지역, 준공업지역으로 나뉜다.

　전용공업지역의 중화학, 공해성 공업들을 수용하기 위한 곳으로 환경오염이 이루어진다 해도 이를 감안하여 공업화의 촉진을 위해 지정한 지역으로 이곳에 주택을 짓는 것은 거의 불가능하다. 주로 대형 공장건축물, 창고 등이 건축된다.

　일반공업지역은 환경을 저해하지 아니하는 공업의 배치지역인데 전용공업지역과 일반 공업지역은 약 80% 정도는 건축물의 용도선정 범위가 같다. 다만 공장인 경우 환경오염, 폐기물 배출 등 여러 규정에 따라 부여되는 공장 코드번호에 따라 해당 지역에 들어갈 수 있는지 여부가 나뉜다.

　준공업지역은 경공업과 그 밖의 공업을 수용하되 주거·상업·업무기능의 보완이 필요한 지역이다.

　예를 들어 전통공업지역 인근에 상업지역이 있다면 이 둘의 기능적 특징이 다름으로 인한 충돌이 생기는데 그 사이에서 이를 완충하는 역할을 하는 지역이 준공업지역이다. 이런 준공업지역에서는 일부 조례가 인정한다면 숙박시설을 건축할 수 있는 특징도 있다. 도시지역 주·상·공업지역 중 숙박시설을 지을 수 있는 용도지역은 상업지역이지만 이렇게 준공업지역에서도 숙박시설이 건축 가능한 곳이 있는 것이다.

　또한 공업지역은 많은 근로자들이 근무하는 관계로 이들의 주거를 해결할 아파트 등이 많이 필요한데 공업지역 바로 옆을 주거지역으로 지정하기에는 두 지역의 충돌이 크므로 이런 곳에 준공업지역이 지정된다. 완충목적으로 공업지역을 지정하되 주거기능을 보완하자는 의미인 것이다. 이런 이유로 일부 준공업지역은 아파트 건축이 가능하다.

이렇듯 준공업지역은 그 지역의 특징에 따라 시가지의 주거, 상업, 공업적 성격이 혼합적으로 나타나는 곳으로 매우 독특한 성격을 보인다.

여기서 구분할 점이 있다.

공업지역을 지정할 수 있는 법은 국토의 계획 및 이용에 관한 법률(국토계획법)과 산업입지 및 개발에 관한 법률(산업입지법)이 있다.

국토계획법상 순수 용도지역인 공업지역과 산업입지법에 따른 산업단지를 비교하면 공업지역인 경우 건폐율을 70%에서 해당 지역의 조례에 따르는데 이는 일정 공간의 여유를 두어 화재를 예방하기 위함이다. 이런 공업지역일지라도 산업입지법에 따른 산업단지에 들어가 있다면 얘기가 달라진다. 토지이용계획확인서에 국가산업단지, 일반산업단지, 도시첨단 산업단지라고 명시되어 있다면 80% 건폐율에서 해당 지역 조례를 따른다.

산업단지 조성을 공급하는 자와 입주 계약을 맺어 산업단지 내에 공장을 설립할 때는 공장설립승인을 받지 않는다는 점(공장설립승인의제)도 일정 면적을 넘는 공장을 건립할 때에는 공장설립승인을 받아야하는 공업지역과 다르다. 또한 수도권의 성장관리권역내에서 공업지역은 공장총량제의 적용을 받는데 산업단지 내 공장 건축시에는 공장총량제의 적용을 받지 않는 점도 차이다.

[PART 02 용도지역, 용도지구, 용도구역]

사진 국가산업단지 전경

사진 도시내 공업지역 전경

녹지지역

자연환경·농지 및 산림의 보호, 보건위생, 보안과 도시의 무질서한 확산을 방지하기 위하여 녹지의 보전이 필요한 도시 공간에서 건물을 짓지 않고 녹지를 유지하는 녹지지역은 자연녹지지역, 생산녹지지역, 보전녹지지역으로 나뉜다.

보전녹지지역의 예는 서울특별시 남산, 관악산 등을 떠올리면 쉽다. 도시지역내의 자연환경을 보전할 목적이다. 한 마디로 노 터치(No touch). 건드리지 말라는 것이다.

생산녹지지역은 농업적 생산을 위하여 개발을 유보한 땅이다. 예를 들어 논(바둑판식으로 정비가 잘 된 구획포함), 밭, 과수원 등이 혼재하고 있는 지역이 있다. 이 지역 일대가 도시지역으로 개발이 되어 주·상·공으로 변모했는데 이 중 바둑판식 논으로 구획된 곳은 그대로 존치하고 있을 때 이 생산성이 좋은 논을 개발하기에는 아깝다는 뜻으로 녹지지역으로 지정하는데 생산성이 좋은 녹지지역이므로 생산녹지지역이라 한다. 이런 곳이 나중에 시가지가 되어 주·상·공으로 변모할 것인지, 그대로 녹지지역으로 남아 있을 것인지를 판단하는 것은 토지 투자자 입장에서 매우 중요하다.

자연녹지지역은 미래 도시용지의 공급을 위하여 제한적 개발이 불가피하다면 이를 인정하고 그렇지 않는다면 보전하겠다는 뜻이다. 그렇다면 보전녹지와 무슨 차이가 있는지 의문이 들 수 있다. 보전녹지는 순수하게 미래까지 보전하겠다는 뜻이고 자연녹지는 미래의 도시용지 공급을 위한 현재의 보전이다.

좀 더 자세히 설명해 보겠다.

특정지역의 보전할 녹지가 있다고 하자. 이 땅이 보전녹지(남산, 관악산을 떠올려 보자)라면 말 그대로 개발하지 않고 후손까지 보전하겠다는 뜻이다.

하지만 이 지역이 자연녹지라면 미래개발을 위해 현재 보전한다는 것이다. 그렇다면 왜 현재 개발을 하지 않고 미래를 위해 묶어두는 걸까? 이유는 원활한 공(公)개발 시행을 위해서다. 현재 개발이 진행되면 일대 개발 붐이 일어나 집들과 건물이 우후죽순으로 생긴다. 이 후 도시용지공급을 위하여 공개발이 진행될 시에 수용을 하려고 보니 이미 사람들이 사(私)개발을 진행시켜 보상금이 높아질 수밖에 없다. 이런 이유로 자연녹지지역으로 지정하여 미래의 공익적 개발을 위해 현재 보전하고 불가피할 경우 극히 제한적 사개발만을 인정하겠다는 뜻이다. 그래서 보통 10년 후 20년 후 신도시가 들어서는 땅이 자연녹지다. 그렇다면 어느 자연녹지가 미래의 시가지가 될 것인지, 어느 자연녹지는 그대로 제자리걸음만 할 것인지 의문일 수 있다. 이에 대한 분석방법들이 다양하게 있는데 이는 다

[**PART 02** 용도지역, 용도지구, 용도구역]

음 기회에 설명하도록 하겠다.

  미래의 개발을 위해 현재는 보전하는 자연녹지는 미래의 개발 가능성이 높다. 생산성을 위해 개발을 유보한 생산녹지, 개발을 유보했다는 뜻은 언젠가는 개발을 할 수 있다는 여지가 있다. 이런 자연녹지와 생산녹지는 투자의 블루오션이다. 단 마구잡이 투자는 위험하다. 잘 고르면 미래의 도시용지가 되거나 여러 가지 행위제한이 완화되며 시가지로 변모하는 곳이 있다는 것이다. 이걸 제대로 골라내는 안목이 있어야 함은 두말 할 나위없다.

사진 　자연녹지 상태인 판교 예전 모습　　사진 　현재 판교신도시

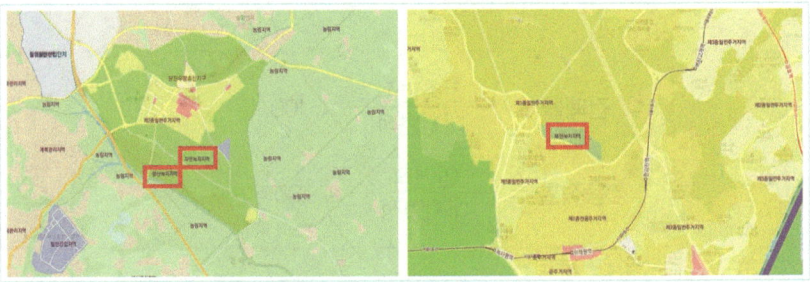

사진 　녹지지역(보전, 생산, 자연녹지) 지형도

41

[왕교수가 알려주는 부자되는 100억 경매]

허용하는 만큼만 지어라 - 건폐율, 용적률

용도지역에서는 건축물의 용도 뿐 아니라 사이즈도 규제하여 건폐율(건축물 넓이)과 용적률(건축물 높이)의 제한을 두고 있다.

건폐율은 대지 면적에 대한 건축 면적의 비율로 이 토지위에 건축면적을 얼마나 할 수 있나 하는 척도이다. 건축주 입장에서는 대지 면적을 최대한 활용하여 꽉 들어차게 건축을 하고 싶겠지만 이를 법에서 규제를 한다는 말이다. 내 토지여도 내 맘대로 넓게 지을 수 없고 법에서 지으라고 허락한 만큼만 지을 수 있다. 이것이 건폐율이다.

용적률은 대지 면적에 대한 연면적의 비율로 건축물의 높이를 얼마나 할 수 있나 하는 척도이다. 건축주 마음대로 5층 또는 10층까지 짓고 싶다고 5층, 10층까지 지을 수 있는 게 아니라 법에서 용도지역에 따라 몇 층까지 지을 수 있다고 허락해 놓은 수치가 있다. 이 수치를 넘지 않는 범위 내에서만 건축이 가능한 것이다.

$$건폐율 = \frac{건축면적}{대지면적} \times 100$$

$$용적률 = \frac{연면적}{대지면적} \times 100$$

만약 해당 필지가 330㎡(약 100평)의 1종 전용주거지역이고 이에 법에서 규정하고 있는 건폐율이 50%, 용적률이 100%라고 보자. 건폐율이 50%이니 165㎡(50평)까지 건물을 지을 수 있다는 뜻

[PART 02 용도지역, 용도지구, 용도구역]

이다. 용적률이 100%이니 바닥면적의 합이 330㎡(100평)까지 지을 수 있다는 말이다.

건물을 지을 때는 건폐율과 용적률이 동시에 적용되므로 건물면적은 165㎡(50평)로 짓고(건폐율), 이 165㎡의 합계가 330㎡(100평)까지 허용된다(용적률)는 뜻이니 건물을 2층까지 지을 수 있다.

이처럼 국가가 지정해 놓은 토지의 용도지역에 따라 건축물의 용도, 지을 수 있는 건축면적, 건축물의 높이가 결정된다.

* 용도지역에 따른 건폐율, 용적률

용도지역			건폐율	용적률
도시지역	주거지역	제1종 전용주거지역	50%	50~100%
		제2종 전용주거지역	50%	100~150%
		제1종 일반주거지역	60%	100~200%
		제2종 일반주거지역	60%	150~250%
		제3종 일반주거지역	50%	200~300%
		준주거지역	70%	200~500%
	상업지역	중심상업지역	90%	400~15000%
		일반상업지역	80%	300~1300%
		근린상업지역	70%	200~900%
		유통상업지역	80%	200~1100%
	공업지역	전용공업지역	70%	150~300%
		일반공업지역	70%	200~350%
		준공업지역	70%	200~400%
	녹지지역	보전녹지지역	20%	50~80%
		생산녹지지역	20%	50~100%
		자연녹지지역	20%	50~100%
관리지역		보전관리지역	20%	50~80%
		생산관리지역	20%	50~80%
		계획관리지역	40%	50~100%
농림지역			20%	50~80%
자연환경보전지역			20%	50~80%

이 건폐율, 용적률은 조례에 따라 지역마다 약간의 변동이 있을 수 있으니 최종점검은 반드시 지자체 조례까지 확인하는 습관을 들여야 할 것이다.

법제처 국가법령정보센터 www.law.go.kr 홈페이지에서 조례도 검색해 볼 수 있다. 이렇게 찾아보는 것이 불편하다면 해당 지자체(보통 구청) 건축과에 전화해서 내 토지 지번을 알려주며 직접 물어보는 방법도 있다.

국가에서 용도지역에 따라 미리 건축물 용도, 건폐율, 용적률을 정해 놓았기에 내 땅이 주거지역인지, 상업지역인지에 따라 어떤 건물을 지을 수 있을지, 얼마까지 넓게, 높이 지을 수 있는지가 결정되기 때문에 용도지역은 매우 중요하다.

지가(땅값)는 건축물의 행위에 따라 좌우되므로 건축물의 용도제한이 느슨할수록, 넓게 높이 건축물을 지을수록 토지 가격이 높을 것이고, 그렇지 못한 땅은 가격이 낮을 수밖에 없다. 국가에서 지정하는 용도지역에 따라 내 땅값이 좌지우지 되는 것이다.

도시지역 vs 비도시지역

부동산공법을 배우다보면 도시지역, 비도시지역 이라는 단어가 자주 등장한다.

이에 도시지역과 비도시지역을 구분하는 기준을 무엇일까?

도로가 넓고, 아파트가 있고, 빌딩이 있고, 학교가 있으면 도시,

그렇게 못하면 비도시일까? 그래서 시골이라고 부를까?

정답은 그렇지 않다.

주변 시설이나 환경을 보고 도시지역, 비도시지역이라고 칭하는 것이 아니고 용도지역이 도시지역으로 구분되어 있느냐 아니냐에 따라 달라지는 것이다.

토지이용계획확인서를 발급해서 도시지역이라고 표기되어 있으면 그 땅은 도시지역인 것이고 관리지역이라고 표기되어 있으면 도시지역이 아닌 것이다.

용도지역의 도관농자.

도는 도시지역이고, 관·농·자는 비도시지역인 것이다.

그 지역 이름만 듣고 겉모습만 보고 도시지역이다. 비도시 지역이다를 말할 수는 없다. 반드시 토지이용확인서를 보고 도시지역인지 비도시지역 인지 말하는 습관을 들여야 할 것이다.

한 가지 더 말씀드리자면 시가지라고 부르는 곳은 도시지역 중 주·상·공업지역을 말하며 비시가지는 녹지지역, 관리지역, 농림지역, 자연환경보전지역이다.

시가지와 비시가지의 구분은 도시기본계획에서 사용되고 도시지역과 비도시지역은 도시관리계획에서 사용된다.

도시기본계획? 도시관리계획?

용어가 무슨 차이인지 지금은 이해가 안 될 수도 있지만 뒷장에서 쉽게 설명하니 너무 고민하지 않아도 된다.

보전하자 - 보전지역

개발할 땅인 도시지역을 보았으니 이번에는 보전할 땅을 알아보자. 보전지역은 농림지역(농업진흥지역, 보전산지)과 자연환경보전지역이다.

농림지역의 경우 개발을 억제하고 1차 산업 위주로 쓰는 지역으로 자연 상태를 그대로 유지하겠다는 뜻은 아니다. 사람이 살면서 농사를 짓기 때문에 1차적인 이용 현상은 있기 때문이다. 이에 반해 자연환경보전지역은 한 마디로 노 터치(No touch). 이 땅은 여러 가지로 볼 때 보전해야 할 지역이란 뜻이다. 이런 이유로 자연환경보전지역에서 집 한 채 짓기도 어렵고 사익적 건축은 더더욱 제한적이다.

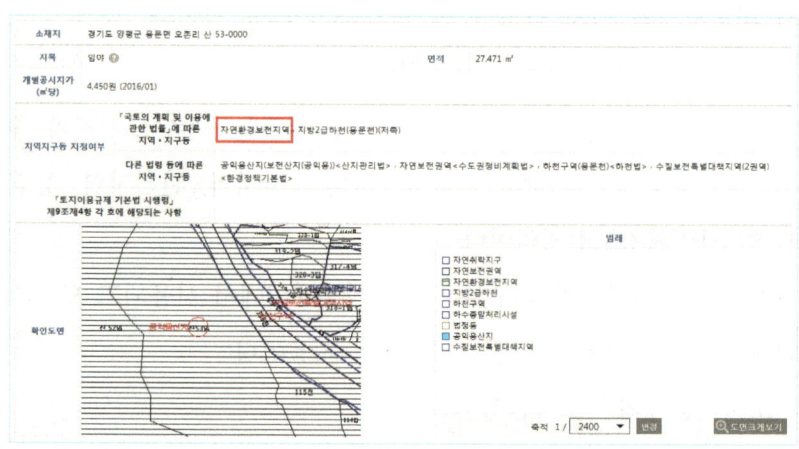

사진 5-1 자연환경보전지역

애매하다 - 관리지역

　용도지역 중 개발 목적인 도시지역, 농업과 임업을 촉진하면서 보전하는 농림지역, 자연환경을 보전할 목적인 자연환경보전지역은 이름만 들어도 대충 이해가 간다.
　그런데 '관리지역' 이것은 도대체 뭐란 말인가? 뭘 관리하겠다는 뜻이지?
　쉽게 말하자면 도시지역도 아니면서 농림지역으로 지정하기도 애매하여 용이 주도한 관리가 필요한 지역을 관리지역이라고 한다. 관리지역을 다시 세분하면 계획관리지역, 생산관리지역, 보전관리지역으로 나뉜다.

　개발과 보전이 뒤엉켜 있는 관리지역에서 도시지역의 편입이 예상되어 난개발을 막기 위해 지정하는 곳이 계획관리지역이다. 아직 도시지역은 아니지만 추후 편입가능성이 높으므로 계획적인 관리를 하겠다는 뜻이다.

　도시지역의 편입이 예상되는 계획관리지역이 있는 반면 지리상 농림지역에 가까운 관리지역도 있다. 즉 그 지역은 농림지역으로 보는 게 합당하나 주변 지역의 개발정도를 보았을 때 농림지역으로 지정하기 애매한 곳이다. 농림지역으로 지정하면 주변 개발지역과 충돌이 생기기 때문이다. 이런 지역은 관리가 필요하다해서 관리지역이라 부르는데 농림지역의 생산성이 높으므로 생산관리지역 이라 부른다.

예를 들어 농림지역의 도로 옆에 '메밀 꽃 필 무렵'작가 이효석 생가가 있다고 하자. 옆은 대형 관광차와 관광객들이 오가며 번잡한데 바로 길 옆의 논에서 병충해 잡겠다고 농약 뿌리고 있다면 서로 피해를 주며 곤란한 상황에 처할 것이다. 따라서 이런 경우는 옆 관광지의 개발 분위기를 약간 흡수하여 개발모드가 뒤섞이며 관리성이 필요하다는 인식이 되고 그렇다면 생산성에 맞게 관리하자는 취지로 생산관리지역으로 지정되는 것이다.

보전관리지역도 이런 맥락이다. 이 땅은 자연환경보전지역으로 지정하는 게 합당하나 주변의 개발 분위기를 보아 자연환경보전지역으로 지정하기 곤란한 곳으로 개발의 모드를 반영하긴 하지만 그래도 보전성에 맞게 관리해야 한다는 취지로 보전관리지역으로 지정되는 것이다.

이제까지 용도지역을 알아보며 해당 필지의 토지이용계획확인서를 발급하여 확인하라는 말을 했다. 여기서 꼭 기억해야 할 사항이 있다. 해당 용도지역 규제가 전부가 아니기 때문이다. 2종 일반주거지역에서는 도로 폭, 3종 일반주거지역인 경우 가로구역별 높이제한, 상업지역에서는 가로구역 높이제한, 비행안전구역, 경관지구 등이 직접적 이중규제를 가져오며 법에서 명시한 건폐율, 용적률을 다 활용하지 못하는 결과를 가져온다. 따라서 토지이용계획확인서뿐 아니라 별도의 공법적 제한이 있는지 면밀히 확인해야 한다.

한 예로 일조권에 대해 말을 해 보겠다.

햇빛 받자 - 일조권

토지는 용도지역에 따라 건축물 용도, 건폐율, 용적률이 달라지고 이에 따라 토지가격이 달라진다는 말을 했다. 실제로 1종 주거지역보다는 용적률이 더 높은 2종, 3종 주거지역 땅값이 더 비싸다. 더 높이 지을 수 있는 땅이 비싼 것은 이해는 가지만 이 땅에 해당 용적률에 맞춰 건물을 지을 수 없는 상황이 발생 할 수도 있다는 점은 염두 해 두었으면 한다.

법에서 허락한 6층까지 지을 수 있는 3종 일반주거지역 땅을 비싼 돈을 주고 샀는데 6층까지 짓지 못하고 4층이나 5층에서 멈춰야 하는 상황이 발생 할 수 있다는 뜻이다. 이게 무슨 소리냐고?

일조권

햇빛을 받아 쬘 수 있도록 법률상 보호되어 있는 권리다. 내가 건물을 짓는데 내가 햇빛을 받을 권리냐고? 그게 아니고 내가 건물을 지음으로써 옆집의 건물이 햇빛을 받을 권리다. 한마디로 내 건물로 인해 옆집의 일조권을 침해하지 않아야 한다는 말이다. 내 건물이 세워지면 당연히 햇빛을 막고 옆집에 그늘이 질 것이다. 이것을 방지하는 차원에서 법에서 일정한 규정을 두었고, 그 규정안에서 건축이 가능하다.

정북방향 인접대지경계선으로부터 건물 높이 10m까지는 1.5m를 띄고, 10m를 초과하는 부분 높이는 건물높이의 1/2을 띄어야 한다.

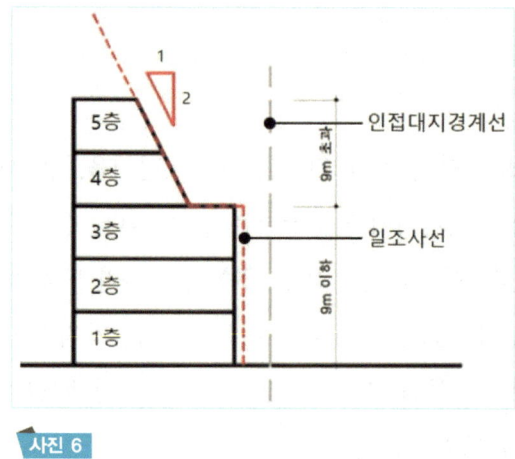

사진 6

이렇게 10m까지는 정북방향 인접대지경계선으로 부터 1.5m 띄고, 10m를 초과하는 부분은 건물높이의 1/2를 띄어야 하니 건물이 온전하게 올라가지 못하고 한 쪽으로 몰려 이렇게 건축이 되는 것이다. 즉 용적률을 다 활용을 못한다는 얘기다.

사진 7

용도지역으로 건축물 용도, 건폐율, 용적률이 결정되는데 이렇게 일조권 등으로 세부규정을 하다 보니 해당 용적률을 다 활용을 못 할 수도 있다. 용적률 높은 비싼 땅이 반드시 다 좋은 것은 아니다 라는 것이다. 따라서 용적률 산정 시 용도지역만 보지 말고 이처럼 세부적으로 적용받는 규제들이 있는지 확인해야 한다.

참고로 일조권은 전용주거지역, 일반주거지역에서만 적용되는 규정으로 준주거지역이나, 상업지역등 다른 용도지역에서는 적용되지 않는다.

용도지구란 무엇인가?

용도지역으로 구분된 토지는 용도지구로 더 세세히 규제를 한다. 법에서 정의하고 있는 뜻을 살펴보자.

> 국토의 계획 및 이용에 관한 법률(약칭: 국토계획법)
> "**용도지구**"란 토지의 이용 및 건축물의 용도·건폐율·용적률·높이 등에 대한 용도지역의 제한을 강화하거나 완화하여 적용함으로써 용도지역의 기능을 증진시키고 미관·경관·안전 등을 도모하기 위하여 도시·군관리계획으로 결정하는 지역을 말한다.
> 경관지구, 방화지구, 방재지구, 고도지구, 보호지구, 취락지구, 개발진흥지구, 특정용도제한지구, 복합용도지구로 구분되며, 시·도 또는 대도시의 조례로 용도지구를 신설할 수 있다.

용도지구는 용도지역이라는 기본 틀에 그 지역의 부분적이고 국지적인 문제를 해결하기 위해 지정하는 것으로 그 지역에 한하여 효력을 발휘하다 보니 조례로 정하는 경우가 많다(고도지구는 도시관리계획으로 정함). 해당 필지에 적용되는 용도지구적용여부는 토지이용계획확인서를 발급받아 확인할 수 있다.

[**PART 02** 용도지역, 용도지구, 용도구역]

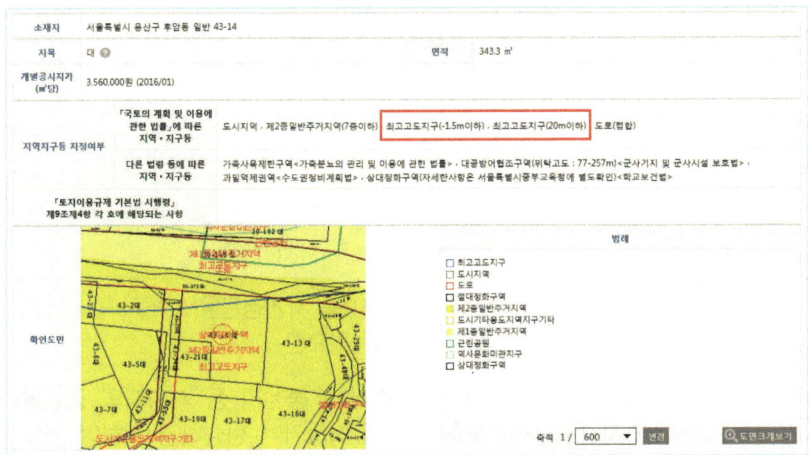

사진 9 최고고도지구

각종 지구마다 어떤 규제가 있을까?

경관지구

용도지구의 세분		지정목적
경관지구	자연경관지구	산지·구릉지 등 자연경관을 보호하거나 유지하기 위하여 필요한 지구
	시가지경관지구	지역 내 주거지, 중심지 등 시가지의 경관을 보호 또는 유지하거나 형성하기 위하여 필요한 지구
	특화경관지구	지역 내 주요 수계의 수변 또는 문화적 보존 가치가 큰 건축물 주변의 경관 등 특별한 경관을 보호 또는 유지하거나 형성하기 위하여 필요한 지구

경관지구는 경관을 보호·형성하기 위하여 필요한 지구로 자연경관지구, 시가지경관지구, 특화경관지구로 나뉜다. 경관지구는 원거리에서 보이는 시각적 경관을 보호하기 위하여 그 사이에 장애물을 짓지 말라는 의미이다.

경관지구의 예를 들어보자.
수려한 산이 있는 지역 앞의 토지 용도지역이 2종 일반주거지역이어서 15층 높이의 아파트를 짓는다면 이 높이에 수려한 산의 경관이 가리게 된다. 이런 경우 해당 토지에 경관지구를 지정하여 일정 높이 이하로만 건축을 할 수 있도록 조치를 취할 수 있는데 이것이 바로 자연경관지구이다. 건축물 용적률이 해당 용도지역에서

[PART 02 용도지역, 용도지구, 용도구역]

허가하고 있는 조건에 맞음에도 불구하고 경관지구라는 용도지구로 제2의 용적률 제한을 받게 되는 것이다. 따라서 용도지역 외에 해당 지역의 조례를 통한 용도지구의 규제사항을 면밀히 파악해야 한다.

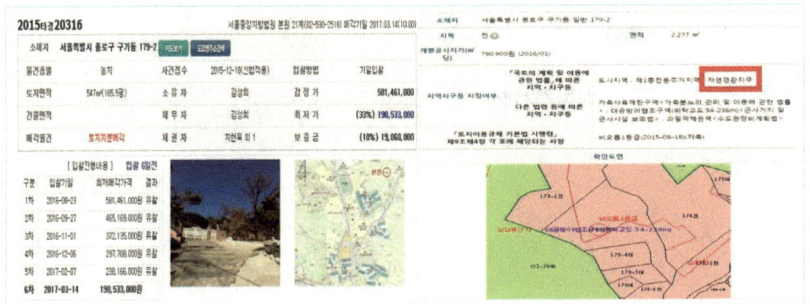

사진 자연경관지구 경매물건사례

고도지구

고도지구는 건물 높이의 최고한도를 규제하는 것이다.

최고고도지구는 높이의 최고한도를 정하여 그 이상 짓지 못하게 하는 것으로 제2의 용적률 제한이 된다.

도시관리계획으로 정해져 있어 토지이용계획확인서를 발급하면 높이가 얼마라고 적혀 있다. 따라서 같은 지역이라고 같은 조례를 적용받는 것이 아닌 각각의 도시관리계획에 따라 높이 제한 규정을 적용받으므로 같은 특·광·시·군 내에서도 고도 차이가 발생할 수 있다.

[왕교수가 알려주는 부자되는 100억 경매]

사진 고도지구 경매물건사례

방화지구

  방화지구는 화재위험을 예방하기 위한 조례. 구조설계에 대해서는 건축법에 기본적인 내용들이 적시되어 있다. 방화지구 안에서는 불연 재료를 사용하라, 내화구조 건축물에 대해서 벽의 두께를 얼마로 하라는 등의 행위제한이 구체적으로 적혀 있는 것이다. 방화지구는 건축 관련 내용 등에 대한 외장재나 내장재 등 구체적인 행위제한이 많이 있다는 것을 염두 해 두자.

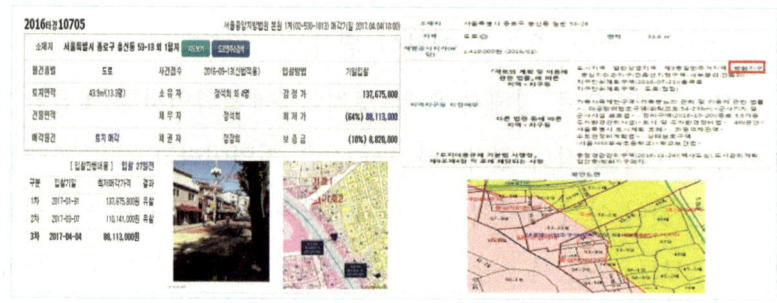

사진 방화지구 경매물건사례

방재지구

방재지구는 풍수해, 산사태, 지반의 붕괴 등 자연재해를 막기 위한 행위제한으로 조례로 정하고 있다. 시가지방재지구와 자연방재지구로 구분된다. 시가지 방재 지구에서는 자연재해를 막기 위한 설비 보강시 용적률과 높이의 1.2배 완화가 되는 경우가 있다.

보호지구

제37조(용도지구의 지정) ① 국토교통부장관, 시·도지사 또는 대도시 시장은 다음 각 호의 어느 하나에 해당하는 용도지구의 지정 또는 변경을 도시·군관리계획으로 결정한다.
〈개정 2011. 4. 14., 2013. 3. 23., 2017. 4. 18.〉
  5. 보호지구: 문화재, 중요 시설물(항만, 공항 등 대통령령으로 정하는 시설물을 말한다) 및 문화적·생태적으로 보존가치가 큰 지역의 보호와 보존을 위하여 필요한 지구

국계법 시행령 제31조 2항 5호 가~다목
  가. 역사문화환경보호지구: 문화재·전통사찰 등 역사·문화적으로 보존가치가 큰 시설 및 지역의 보호와 보존을 위하여 필요한 지구
  나. 중요시설물보호지구: 중요시설물(제1항에 따른 시설물을 말한다. 이하 같다)의 보호와 기능의 유지 및 증진 등을 위하여 필요한 지구

다. 생태계보호지구: 야생동식물서식처 등 생태적으로 보존가치가 큰 지역의 보호와 보존을 위하여 필요한 지구

제76조(보호지구 안에서의 건축제한) 보호지구 안에서는 다음 각 호의 구분에 따른 건축물에 한하여 건축할 수 있다. 다만, 특별시장·광역시장·특별자치시장·특별자치도지사·시장 또는 군수가 지구의 지정목적에 위배되지 아니하는 범위안에서 도시·군계획조례가 정하는 기준에 적합하다고 인정하여 관계 행정기관의 장과의 협의 및 당해 지방자치단체에 설치된 도시계획위원회의 심의를 거친 경우에는 그러하지 아니하다.
〈개정 2005. 9. 8, 2012. 4. 10, 2017. 12. 29〉

1. 역사문화환경보호지구: 「문화재보호법」의 적용을 받는 문화재를 직접 관리·보호하기 위한 건축물과 문화적으로 보존가치가 큰 지역의 보호 및 보존을 저해하지 아니하는 건축물로서 도시·군계획조례가 정하는 것

2. 중요시설물보호지구: 중요시설물의 보호와 기능 수행에 장애가 되지 아니하는 건축물로서 도시·군계획조례가 정하는 것. 이 경우 제31조제3항에 따라 공항시설에 관한 보호지구를 세분하여 지정하려는 경우에는 공항시설을 보호하고 항공기의 이·착륙에 장애가 되지 아니하는 범위에서 건축물의 용도 및 형태 등에 관한 건축제한을 포함하여 정할 수 있다.

3. 생태계보호지구: 생태적으로 보존가치가 큰 지역의 보호 및 보존을 저해하지 아니하는 건축물로서 도시·군계획조례가 정하는 것

취락지구

용도지구의 세분		지정목적
취락지구	자연취락지구	녹지지연·관리지역·농림지역 또는 자연환경보전지역 안의 취락을 정비하기 위하여 필요한 지구
	집단취락지구	개발제한구역 안의 취락을 정비하기 위하여 필요한 지구

취락지구는 녹지지역·관리지역·농림지역·자연환경보전지역의 취락을 정비하기 위한 자연취락지구와 개발제한구역 안의 취락을 정비하기 위한 집단취락지구로 나뉜다.

일반적으로 용도지구는 조례를 따르는 경우가 많은데 취락지구는 약간 다르다.

녹지지역, 관리지역, 농림지역, 자연환경보전지역은 국토의 계획 및 이용에 관한 법률(약칭: 국토계획법)시행령을 따르는 경우가 많고 개발제한구역 안의 집단 취락지구는 개발제한 구역에 관한 개발제한구역의 지정 및 관리에 관한 특별조치법(약칭: 개발제한구역법)을 따른다.

취락지구는 개발이 완화되는 혜택을 누릴 수 있는 곳으로 투자성이 좋다. 토지의 2차적 가치에 의한 용도지구로 취락지구와 개발진흥지구가 투자의 꽃이라 불리는 점도 이런 이유다.

예를 들어 보자. 예전부터 사람들이 마을에 집을 짓고 살고 있었는데 이곳이 관리지역이라면 이 마을사람들에게 관리지역에 따라 행위제한을 강하게 두는 것이 이치에 맞지 않을 수 있다. 따라서 이런 곳은 자연취락지구로 지정을 하여 일반적인 관리지역의 건폐율인 20~40% 보다 높은 60% 이내의 조례로서 정하는 건폐율을 적용받게 된다. 또한 취락지구 정비사업으로 인한 도로, 학교, 공원, 주차장 등을 지을 수 있다. 다만 취락지구라 하더라도 투자가치성이 높은 곳도 있고 그렇지 않은 곳도 있으니 이를 변별하는 능력을 키워야 한다.

집단취락지구는 개발제한구역안의 취락을 정비하기 위하여 필요한 지구이다.

개발제한구역안에 예전부터 마을 인가가 모여 사는 곳이 있다면 이곳을 집단취락지구로 지정하여 개발제한구역법에 별도의 행위제한을 두고 있다. 일반적으로 개발제한구역 안에서는 주택의 신축이 안 되지만 취락지구로 이축한다면 주택의 신축이 인정되고 이축자에 대해서는 국민주택기금 재원에서 보조하는 제도도 마련되어 있다. 또한 취락지구 내부에 여러 가지 지원 사업이 제공됨으로써 삶의 혜택을 주는 방안들이 있다.

실무에서 매매나 경매물건을 보면 토지이용계획확인서에 취락지구라고 명시되어 있는 경우가 있다. 이런 취락지구 내에서의 정비사업 분위기에 따른 도로, 공원, 학교 등에 대한 개발계획이 있다면 해당부지는 수용 가능성이 있으며 이런 지역에 도시개발사업이 진행될 가능성도 있으므로 투자에 있어 다각적으로 접근해야 한다.

[PART 02 용도지역, 용도지구, 용도구역]

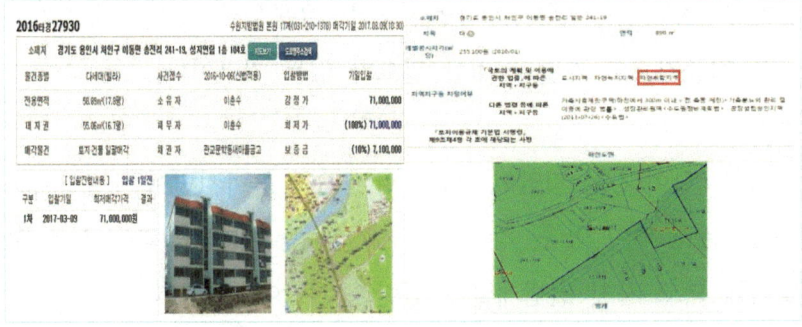

사진　취락지구 경매물건사례

개발진흥지구

용도지구의 세분		지정목적
개발진흥지구	주거개발진흥지구	주거기능을 중심으로 개발·정비할 필요가 있는 지구
	산업개발진흥지구	공업기능을 중심으로 개발·정비할 필요가 있는 지구
	유통개발진흥지구	유통·물류기능을 중심으로 개발·정비할 필요가 있는 지구
	관광·휴양개발진흥지구	관광·휴양기능을 중심으로 개발·정비할 필요가 있는 지구
	복합개발진흥지구	주거기능, 공업기능, 유통물류기능 및 관광휴양기능 중 2 이상의 기능을 중심으로 개발·정비할 필요가 있는 지구
	특정개발진흥지구	주거기능, 공업기능, 유통물류기능 및 관광휴양기능 외의 기능을 중심으로 특정한 목적을 위하여 개발·정비할 필요가 있는 지구

개발진흥지구는 주거·상업·공업·유통물류·관광 휴양기능 등을 집중적으로 개발 정비할 필요가 있는 지구이다.

행위제한이 강한 지역이 사람들의 수요가 높아지면서 개발압력도 높아지는 지역이 있다. 강한 행위제한과 높은 개발압력은 서로 부딪치게 되고 자칫 편법개발로 인한 난개발이 우려된다.

예를 들어 고속도로 IC 주변을 생각해보자. 이곳은 고속도로와 국도·지방도가 만나며 교통기능이 매우 발달한 지역이다. 이 주변으로 물류·유통센터 등이 우후죽순 들어서며 마구잡이 개발이 되어 후에 이 지역이 과밀화되고 여러 가지 기반시설 등이 부족하게 된다. 개발의 욕구는 높아지는데 이를 뒷받침할 개발계획이 없는 경우 행위제한 범위 내 사(私)개발이 과다해져 난개발을 초래하는 것이다. 이런 난개발을 막기 위해 일정지역을 개발진흥지구로 지정하여 개발계획을 수립한다. IC근처이니 유통개발지구를 지정하여 도시계획시설 도로는 어떻게 설치할 것이며, 물류센터 위치는 어디에 할 것인지, 주차장 위치는 어디인지, 단독주택 위치는 어디인지 등을 정하는 것이다.

일반적으로 용도지구는 조례로 정하는데 개발진흥지구는 조례가 아닌 개발계획에 따른다. 또는 지구단위계획으로 수립되는 지역은 지구단위계획을 따른다. 따라서 해당 토지의 소유자는 개발계획 또는 지구단위 계획의 행위제한을 받게 된다. 예를 들어 토지이용계획확인서를 보니 이 토지가 생산관리지역인데 관광·휴양 개발지구 또는 계획관리지역인데 주거개발진흥지구라면 이는 시가지화 될 수 있는 기본적 개발계획이 있는 것이다. 이후 주·상·공업지역으로 바뀔 소지도 높은 곳이지만 그 개발계획에 따라 일부는 행위제한이 더 강화되는 토지도 발생한다. 계획관리지역 토지의 소유자가 해당 부지에 계획관리지역에서 허용하고 있는 건축물 용도인 물류창고를 지으려 해도 이 필지가 주차장용지로 개발계획이 되어 있다면 주차장으로만 쓸 수 있다는 말이다. 따라서 개발진흥지구 토지를 접하면 일단 해당 토지의 용도지역은 무시하고 개발계획이 무엇인지부터 확인해야 한다. 개발진흥지구는 대부분 지구단위계획과 연결되는데 특히 2종 지구단위계획과 연결되면 행위제한의 틀과 질서가 또 바뀐다.

개발진흥지구에도 여러 가지 종류가 있는데 그에 따른 행위제한 내용들도 세부적으로 나뉜다. 주의할 점은 개발진흥지구인 경우 여러 가지 개발계획 프로젝트가 수립되어야 하는데 이러한 개발계획 프로젝트가 없는 빈껍데기 개발진흥지구가 많이 보인다. 도시관리계획으로 개발진흥지구로 지정되었다 하더라도 개발계획이 없다면 투자가치가 낮다고 볼 수 있다. 따라서 토지이용계획확인서에 개발진흥지구

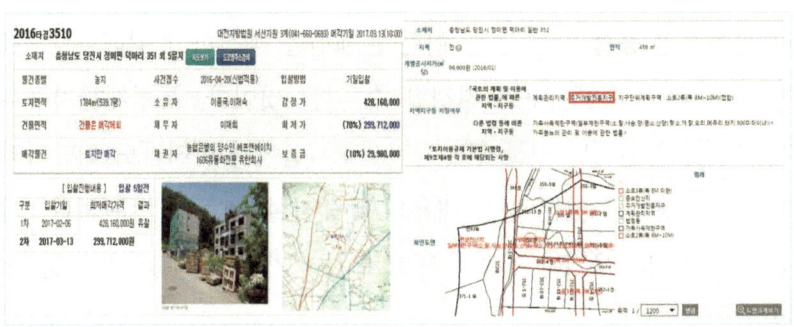

사진 개발진흥지구 경매물건사례

가 표기되어 있다면 개발계획이 있는지, 있다면 어떤 개발계획이 수립되어 있는지 해당 특·광·시·군에 꼭 문의를 해야 한다.

개발계획이 수립된 개발진흥지구가 우선 1차적으로 투자가치가 있는 것은 사실이지만 개발계획에 따른 수요층이 받쳐주지 않는다면 행위제한만 받고 개발이 안 될 소지가 있다. 반대로 개발계획이 지구단위계획과 연결되어 특수한 개발이 이루어진다면 우량의 투자가치가 있으므로 이에 대한 면밀한 판단이 요구된다.

특정용도제한지구

특정용도제한지구는 주거기능보호 청소년 보호 등의 목적으로 청소년 유해시설 등 특정시설의 입지를 제한할 필요가 있는 지구이다.

예를 들어 아파트가 밀집되어 있는 주거지역과 도로를 사이에 두고 상업지역이 존재한다고 보자. 상업지역에서는 노래방, PC방, 모텔 등 다양한 용도의 건축이 가능하다. 이런 경우 도로 앞에 존재하는 주거기능과 청소년 보호에 영향을 주는 유해시설이 들어옴으로써 문화적인 충돌이 생긴다. 이런 문제점을 해결하기 위해 일부 지역을 특정용도제한지구로 지정할 수 있는 것이다. 특정제한지구로 지정된 곳에 건축된 건물에는 근린생활시설이라 할지라도 해당지역 조례에서 정하고 있는 일정 내용의 유해시설은 들어갈 수 없다. 이런 곳은 일명 '무늬만 상업지역'으로 투자가치가 썩 좋다고 할 수 없다.

[PART 02 용도지역, 용도지구, 용도구역]

> **주의** ⚠️
> 교육환경보호에 관한 법률의 '교육환경보호구역'
> (기존 학교보건법의 학교환경위생정화구역 2017.2.4.변경)과 혼동하지 마라

특정용도제한지구는 유해시설의 건축 등을 조례를 통한 행위제한으로 막는 것이며 교육환경보호구역은 건축행위가 아닌 건물 내 유해영업행위 등을 막는 것이다. 예를 들어 교육환경보호구역 내에서는 근생시설 내 노래방 등의 영업행위를 허가하지 않는다. 그러나 근생건축은 가능하다.

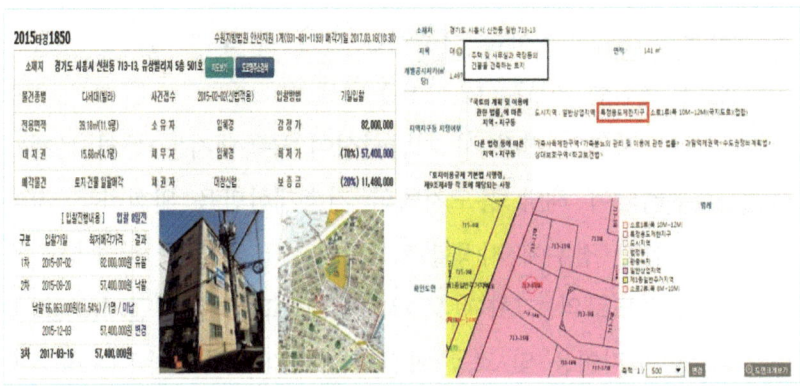

사진 특정용도제한지구 경매물건사례

65

복합용도지구(신설)

제37조(용도지구의 지정) 1항

9. 복합용도지구: 지역의 토지이용 상황, 개발 수요 및 주변 여건 등을 고려하여 효율적이고 복합적인 토지이용을 도모하기 위하여 특정시설의 입지를 완화할 필요가 있는 지구

⑤ 시·도지사 또는 대도시 시장은 대통령령으로 정하는 주거지역·공업지역·관리지역에 복합용도지구를 지정할 수 있으며, 그 지정기준 및 방법 등에 필요한 사항은 대통령령으로 정한다. 〈신설 2017. 4. 18.〉

⑦ 시·도지사 또는 대도시 시장은 법 제37조제5항에 따라 복합용도지구를 지정하는 경우에는 다음 각 호의 기준을 따라야 한다. 〈신설 2017. 12. 29.〉

1. 용도지역의 변경 시 기반시설이 부족해지는 등의 문제가 우려되어 해당 용도지역의 건축제한만을 완화하는 것이 적합한 경우에 지정할 것
2. 간선도로의 교차지(交叉地), 대중교통의 결절지(結節地) 등 토지이용 및 교통 여건의 변화가 큰 지역 또는 용도지역 간의 경계지역, 가로변 등 토지를 효율적으로 활용할 필요가 있는 지역에 지정할 것
3. 용도지역의 지정목적이 크게 저해되지 아니하도록 해당 용도지역 전체 면적의 3분의 1 이하의 범위에서 지정할 것
4. 그 밖에 해당 지역의 체계적·계획적인 개발 및 관리를 위하여 지정 대상지가 국토교통부장관이 정하여 고시하는 기준에 적합할 것

「국토의 계획 및 이용에 관한 법률 시행령」

제81조(복합용도지구에서의 건축제한) 법 제76조제5항제1호의3에 따라 복합용도지구에서는 해당 용도지역에서 허용되는 건축물 외에 다음 각 호에 따른 건축물 중 도시·군계획조례가 정하는 건축물을 건축할 수 있다.

1. 일반주거지역: 준주거지역에서 허용되는 건축물. 다만, 다음 각 목의 건축물은 제외한다.
   가. 「건축법 시행령」 별표 1 제4호의 제2종 근린생활시설 중 안마시술소
   나. 「건축법 시행령」 별표 1 제5호다목의 관람장
   다. 「건축법 시행령」 별표 1 제17호의 공장
   라. 「건축법 시행령」 별표 1 제19호의 위험물 저장 및 처리 시설
   마. 「건축법 시행령」 별표 1 제21호의 동물 및 식물 관련 시설
   바. 「건축법 시행령」 별표 1 제28호의 장례시설

2. 일반공업지역: 준공업지역에서 허용되는 건축물. 다만 다음 각 목의 건축물은 제외한다.
   가. 「건축법 시행령」 별표 1 제2호가목의 아파트
   나. 「건축법 시행령」 별표 1 제4호의 제2종 근린생활시설 중 단란주점 및 안마시술소
   다. 「건축법 시행령」 별표 1 제11호의 노유자시설

3. 계획관리지역: 다음 각 목의 어느 하나에 해당하는 건축물
   가. 「건축법 시행령」 별표 1 제4호의 제2종 근린생활시설 중 일반음식점·휴게음식점·제과점(별표 20 제1호라목에

따라 건축할 수 없는 일반음식점·휴게음식점·제과점은 제외한다)

나. 「건축법 시행령」 별표 1 제7호의 판매시설

다. 「건축법 시행령」 별표 1 제15호의 숙박시설(별표 20 제1호사목에 따라 건축할 수 없는 숙박시설은 제외한다)

라. 「건축법 시행령」 별표 1 제16호다목의 유원시설업의 시설, 그 밖에 이와 비슷한 시설

[본조신설 2017. 12. 29.]

[PART 02 용도지역, 용도지구, 용도구역]

용도구역이란 무엇인가?

> 국토의 계획 및 이용에 관한 법률 제2조
> **"용도구역"**이란 토지의 이용 및 건축물의 용도·건폐율·용적률·높이 등에 대한 용도지역 및 용도지구의 제한을 강화하거나 완화하여 따로 정함으로써 시가지의 무질서한 확산방지, 계획적이고 단계적인 토지이용의 도모, 토지이용의 종합적 조정·관리 등을 위하여 도시·군관리계획으로 결정하는 지역을 말한다.
> 개발제한구역, 도시자연공원구역, 시가화조정구역, 수자원보호구역 등이 있다.

용도구역을 한마디로 표현하면 개발의 저지선(벽)이다. 이 용도구역으로 지정된 곳은 더 이상 개발하지 말라는 의미가 함축된 곳이다. 용도지역이 건축물의 용도·건폐율·용적률을 제한하고 용도지구는 건축물의 건축을 제한하는 경우와 달리 용도구역에서는 건축물 건축, 토석채취, 입목벌채, 토지형질변경, 토지분할행위 등 각종 토지이용행위 전반에 대해 엄격히 규제하고 있다.

용도지역등	행위제한 근거	행위제한 내용	비교
용도지역	국토계획법 시행령	건폐율, 용적율 건축물의 용도제한	건폐율, 용적율의 확정은 조례
용도지구	도시계획 조례	건축물 건축	• 개발진흥지구: 개발계획, 지구단위계획 • 자연취락지구: 국토계획법 시행령 • 집단취락지구: 개발제한법 • 고도지구: 도시관리계획

용도지역등 행위제한 근거		행위제한 내용	비교
용도구역	국토계획법 시행령	건축물 건축 토석채취 입목벌채 토지형질변경 토지분할등의 각종 토지 이용행위 전반	• 개발제한구역: 개발제한법 • 도시자연공원구역: 도시공원 및 녹지에 관한 법률 • 수산자원보호구역: 수산업법 • 시가화조정구역: 국토계획법

• 개발제한구역은 도시의 무질서한 확산을 방지하고 도시주변의 자연환경을 보전하여 도시민의 건전한 생활환경을 확보하기 위하여 도시의 개발을 제한할 필요가 있거나 국방부 보안상 도시의 개발을 제한할 필요가 있는 지역으로 국토교통부 장관이 지정하며 흔히 그린벨트라고 부르는 곳이다.

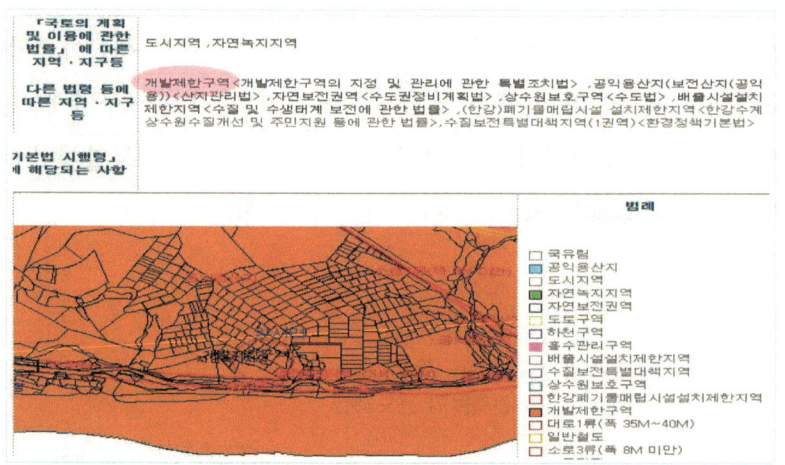

• 도시자연공원구역은 도시의 자연환경 및 경관을 보호하고 도시민에게 건전한 여가·휴식공간을 제공하기 위하여 도시지역 안의 식생이 양호한 산지의 개발을 제한할 필요가 있을 경우 시·도지사가 지정하는 용도구역이다.

[**PART 02** 용도지역, 용도지구, 용도구역]

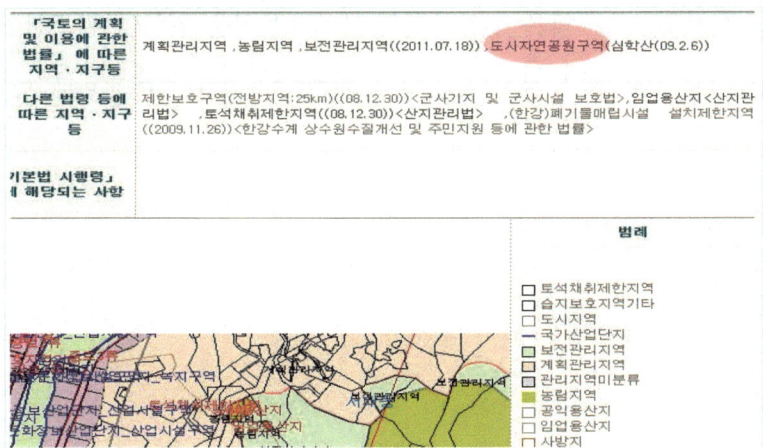

- 시가화조정구역은 도시지역과 그 주변지역의 무질서한 시가화를 방지하고 계획적·단계적인 개발을 도모하기 위하여 5년 이상 20년 미만의 일정기간동안 시가화를 유보할 필요가 있다고 인정되는 경우 국토교통부장관이 지정하는 용도구역이다.

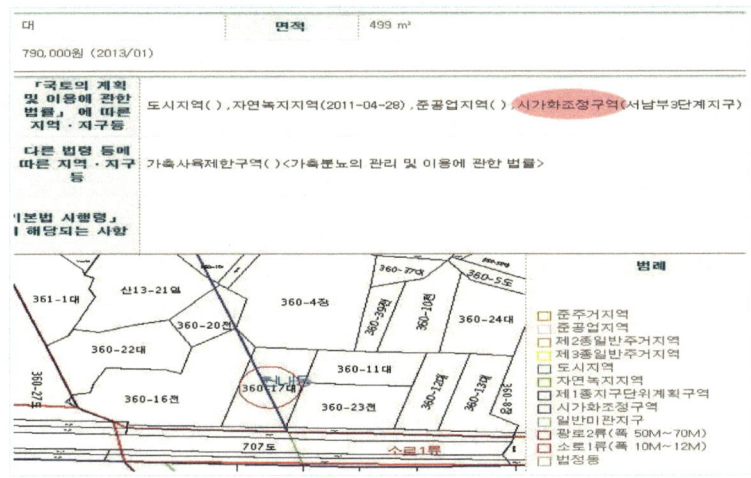

- 수산자원보호구역은 수산자원의 보호·육성을 위하여 필요한 공유수면이나 그에 인접된 토지에 대해 농림수산식품부장관이 지정하는 용도구역이다.

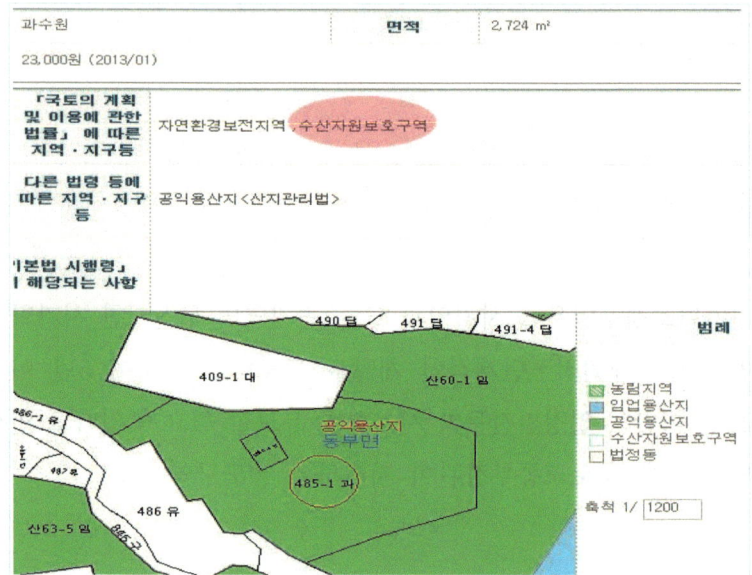

PART

03

건축법

- ••• 건축법의 용어정의부터 섭렵하라
- ••• 건물 입점 시 주의하라
- ••• 사전결정통지를 조심하라
- ••• 재량처분 유의할 것
- ••• 건축허가제한지역 득실을 따져라
- ••• 가설건축물을 구분하라
- ••• 건축선을 염두하라
- ••• 대지의 분할제한을 조심하라
- ••• 대지안의 공지를 유념하라
- ••• 가로구역 높이제한을 파악하라

건축법의 용어정의부터 섭렵하라

「국토의 계획 및 이용에 관한 법률」에서 용도지역에 따라 건축물의 용도를 제한하는데 해당 용도지역에 맞는 건축물을 건축하고 자 할 때 적용받는 규정은 건축법이다. 다만 30호(세대)이상의 주택을 건축하고 자 할 때는 주택법의 적용을 받는다. 먼저 건축법에서 정의 하고 있는 용어의 뜻을 알아보자. 정확한 용어 파악은 그릇된 판단을 막아준다.

건축법에서 '건축'이란 건축물의 신축·증축·개축·재축·건축물의 이전을 말한다. 새로 짓는 신축, 종전규모 보다 늘리는 증축, 철거하고 종전 규모 내에서 다시 짓는 개축, 천재지변이나 재해로 멸실된 경우 종전과 같은 규모로 다시 짓는 재축, 같은 대지의 다른 위치로 옮기는 이전 등이다.

여느 법문에서 '건축을 허가하지 않는다'라는 규정이 있을 시 이는 신축·증축·개축·재축·건축물의 이전을 허가하지 않는다는 뜻이다.

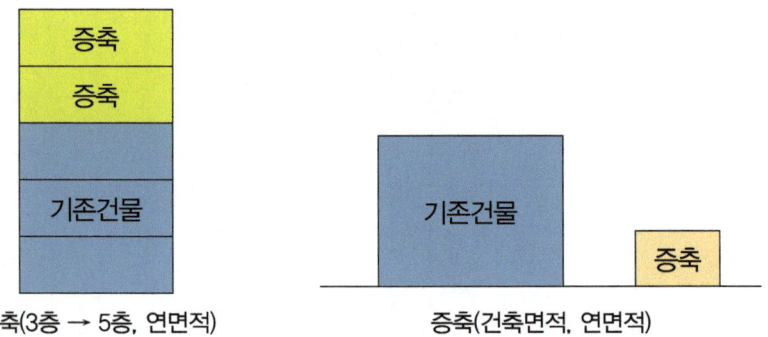

이번엔 건축물의 정의를 알아보자.

'건축물'이란 토지에 정착하는 공작물 중 지붕과 기둥 또는 벽이 있는 것과 이에 딸린 시설물, 지하나 고가의 공작물에 설치하는 사무소·공연장·점포·차고·창고, 그 밖에 대통령령으로 정하는 것을 말한다.

```
지붕 + 기둥 = 건축물
지붕 + 벽   = 건축물
```

토지에 저당권 설정당시 건축물의 존재유무로 법정지상권의 성립요건을 따지게 되는데 이 때 말하는 건축물이 정확히 어떤 형태를 말하는지 알기 위해서도 건축법상 건축물의 정의를 알아야 한다. 지붕과 기둥 또는 지붕과 벽이 있으면 건축물인 것으로 건축허가를 받거나 사용승인을 받아야 건축물이 되는 것이 아니다.

대지란 각 필지로 구획된 토지를 말하는데 대통령령으로 정하는 토지는 둘 이상의 필지를 하나의 대지로 하거나 하나 이상의 필지의 일부를 하나의 대지로 할 수 있다.

이는 사용승인을 신청할 때 둘 이상의 필지를 하나의 필지로 합칠 것을 조건으로 건축허가를 하는 경우 그 필지가 합쳐지는 토지를 하나의 대지로 보며, 한 필지 일부를 농지전용 또는 산지전용을 통해 대지로 할 수 있다는 뜻이다.

122번지 낙찰	123번지

    경매로 122번 필지를 낙찰 받은 B는 소유권이전 후 건축허가를 위해 구청을 방문했다 깜짝 놀랄 소리를 듣는다. 기존 소유자 A가 해당 122번 필지와 123번지 필지 함께 하나의 대지로 건축허가를 신청하여 기존 허가권이 살아있어 추가 건축허가가 불가하다는 것이다. 낙찰을 받아 소유자가 되었음에도 기존 건축허가가 취소되기 전에는 건축을 할 수 없는 것이다(공신고전인 경우 일정조건하에 취소 가능함).

    따라서 경매 나온 필지에 건축허가를 받았는지 여부도 중요하게 알아보지만 그 건축허가를 하나의 필지에 받았는지 인접지를 포함하여 두 개 이상의 필지에 받았는지도 정확하게 조사해야 한다.

[PART 03 건축법]

건물 입점 시 주의하라

시설군	세부용도	비고
1. 자동차 관련 시설군	자동차 관련시설	상위군으로는 허가 / 하위군으로는 신고
2. 산업 등의 시설군	운수시설, 창고시설, 공장, 위험물저장 및 처리시설, 분뇨 및 쓰레기처리시설, 묘지관련시설	
3. 전기통신 시설군	방송통신시설, 발전시설	
4. 문화 및 집회시설군	문화 및 집회시설, 종교시설, 위락시설, 관광휴게시설	
5. 영업시설군	판매시설, 운동시설, 숙박시설	
6. 교육 및 복지시설군	의료시설, 교육연구시설, 노유자시설	
7. 근린생활시설군	제1종 근린생활시설, 제2종 근린생활시설	
8. 주거업무시설군	단독주택, 공동주택, 업무시설, 교정 및 군사시설	
9. 그 밖의 시설군	동물 및 식물 관련 시설, 장례식장	

← 같은 군에서는 건축물대장 변경신청 →

　건축물은 용도에 따라 29개 용도로 나뉘고 각 용도는 9개의 시설군으로 구분되어 속하게 된다. 용도변경을 함에 있어 상위군으로 용도변경은 허가를, 하위군으로 용도변경은 신고를, 같은 군에서의 용도변경은 건축물대장 변경신청을 한다.

　예를 들어 단독주택(8. 주거업무시설군)을 1종 근린생활시설(7. 근린생활시설군)로 용도변경 시에는 허가를 받아야 하며, 위락시설(4. 문화 및 집회시설군)을 수련시설(6. 교육 및 복지시설군)로 용도변경 시에는 신고를, 판매시설(5. 영업시설군)을 운동시설(5. 영업시설군)으로 변경하고 자 할 때는 건축물대장 변경신청을 한다.

　건축물의 용도변경 시 상위군으로 용도변경은 허가조건이라 어렵고 하위군으로 용도변경은 신고조건이라 쉽다고 생각하는 분들이 있는데 신고라고 해서 수월한 것은 아니다. 용도변경신고는 본인이 신고한다고 완료되는 것이 아닌 관계 부처에서 수리를 해야 신고가 완료된 것으로 조건에 맞지 않아 수리가 되지 않으면 용도변경이 불가능하다.

건축법에서는 건축물의 용도에 따라 해당 허용면적을 규정하고 있는데 유의할 점은 규모 산정 시 내가 영업하고 있는 면적만을 기준으로 계산하는 것이 아닌 건물전체의 면적을 기준으로 하는 경우가 많다. 그래서 같은 학원이라도 먼저 영업을 하는 학원은 2종 근린생활시설(같은 건축물에 해당 용도로 쓰는 바닥면적의 합계가 500㎡ 미만)이지만 나중에 입점하는 학원(먼저 입점한 학원들의 바닥면적과 합한다)은 이 면적을 초과하게 되어 교육 및 연구시설로 용도 군이 바뀌게 되어 건축물의 용도가 바뀌며 설비기준이 바뀌는 등 용도변경 허가사항이 된다. 기존 건축물의 설비를 바꾼다는 게 쉬운 일이 아니기에 추가 입점은 매우 힘들게 되는 것이다. 따라서 경매로 상가 등을 낙찰 받을 목적이라면 의도하는 업종이 해당 건물에서 영업허가가 가능한지를 미리 관계부서에 알아봐야 한다. 일반 매매시에도 마찬가지다. 계약 전에 해당 영업허가가 가능한 지 미리 알아보고 계약서를 작성하되 잔금 치루기 전에 영업허가가 나야 한다는 단서(특약)를 명시해라. 계약 시에는 해당 영업이 허가 가능했다 하더라도 잔금 치루는 그 사이 다른 층에서 용도에 해당하는 면적의 영업허가를 낼 수 있기 때문이다.

사전결정통지를 조심하라

건축허가 대상 건축물을 건축하려는 자는 건축허가를 신청하기 전에 허가권자에게 그 건축물의 건축에 관한 다음 각 호의 사항에 대한 사전결정을 신청할 수 있다(건축법10조). 정식 건축허가를 신청하기 전에 건축허가 가능 여부를 미리 신청할 수 있다는 것이다.

> 1. 해당 대지에 건축하는 것이 이 법이나 관계 법령에서 허용되는지 여부
> 2. 이 법 또는 관계 법령에 따른 건축기준 및 건축제한, 그 완화에 관한 사항 등을 고려하여 해당 대지에 건축 가능한 건축물의 규모
> 3. 건축허가를 받기 위하여 신청자가 고려하여야 할 사항

허가권자는 신청을 받으면 입지, 건축물의 규모, 용도 등을 사전결정한 후 사전결정 신청자에게 알려야 한다. 사전결정 통지를 받은 경우에는 다음 각 호의 허가를 받거나 신고 또는 협의를 한 것으로 본다.

> 1. 개발행위허가
> 2. 산지전용허가와 산지전용신고, 산지일시사용허가·신고
>   (보전산지인 경우에는 도시지역만 해당)
> 3. 농지전용허가·신고 및 협의
> 4. 하천점용허가

경매로 토지를 낙찰 받을 시 사전결정 여부가 낙찰자에게 불리하게 작용할 수 있다. 전 소유자가 사전결정통지를 받았으면 해당 토지는 개발행위허가, 산지전용허가, 농지전용허가, 하천점용허가를 받은 것으로 보기 때문에 낙찰자인 새로운 소유자가 개발행위 등을 할 수 없는 것이다. 실체적 가치인 토지는 소유권 이전되었지만 피상적 가치인 인허가권은 전소유자에게 그대로 남아있기 때문이다. 사전결정 통지받은 날부터 2년 이내에 건축허가를 신청하지 아니하면 사전결정의 효력이 상실되므로 이 후 새로운 사전결정신청 또는 개발행위허가 등을 신청할 수 있지만 해당 기간 동안 자금이 묶이는 경우가 발생한다.

따라서 입찰 전에 해당토지의 건축허가·착공신고 여부와 함께 사전결정통지 여부도 면밀히 조사해야 한다.

재량처분 유의할 것

건축의 허가는 기속처분이다. 즉 행정처분을 함에 있어서 행정청의 재량의 여지가 전혀 허용되지 않고 법규에 정한 그대로의 조건을 갖추면 처분해야 하는 것이다. 하지만 유일하게 재량처분인 행위가 있는데 바로 위락시설과 숙박시설이다.

> 위락시설이나 숙박시설에 해당하는 건축물의 건축을 허가하는 경우 해당 대지에 건축하려는 건축물의 용도·규모 또는 형태가 주거환경이나 교육환경 등 주변 환경을 고려할 때 부적합하다고 인정되는 경우 이 법이나 다른 법률에도 불구하고 건축위원회의 심의를 거쳐 건축허가를 하지 아니할 수 있다.(건축법11조4항)

이렇듯 위락시설이나 숙박시설은 건축허가 여부가 재량인 점을 염두하여 이 용도목적으로 토지를 낙찰 받거나 매수하는 경우 신중해야 한다.

방재지구 및 자연재해위험개선지구 등 상습적으로 침수되거나 침수가 우려되는 지역에 건축하려는 건축물에 대하여 지하층 등 일부 공간을 주거용으로 사용하거나 거실을 설치하는 것이 부적합하다고 인정되는 경우에도 건축허가를 하지 않을 수 있다.

건축허가제한지역 득실을 따져라

국토교통부장관은 국토관리를 위하여 특히 필요하다고 인정하거나 주무부장관이 국방, 문화재보존, 환경보전 또는 국민경제를 위하여 특히 필요하다고 인정하여 요청하면 허가권자의 건축허가나 허가를 받은 건축물의 착공을 제한할 수 있다. 시·도지사는 지역계획이나 도시·군계획에 특히 필요하다고 인정하면 시장·군수·구청장의 건축허가나 허가를 받은 건축물의 착공을 제한할 수 있다.

이렇게 건축허가·착공제한지역은 신규건축허가가 제한되며 이미 건축허가를 받았더라도 착공이 제한된다. 이런 곳은 대규모 공개발이 예정되어 있는 곳에 지정되는 경우가 많은 데 사개발을 억제하여 수용 시 보상금이 높이 지급됨을 예방하기 위함이다. 따라서 경매로 나온 토지의 토지이용계획확인서에 건축허가·착공제한지역이 표기되어 있다면 신규건축허가·착공이 불가능한 곳이라는 점을 꼭 염두하고 정비구역이라면 정비사업이 어느 단계까지 진행되었는지 사업인가고시일은 언제이며 이 기준으로 보상 시 보상금은 얼마인지, 언제 수령할 수 있는지를 따져 봐야 할 것이다.

[**PART 03** 건축법]

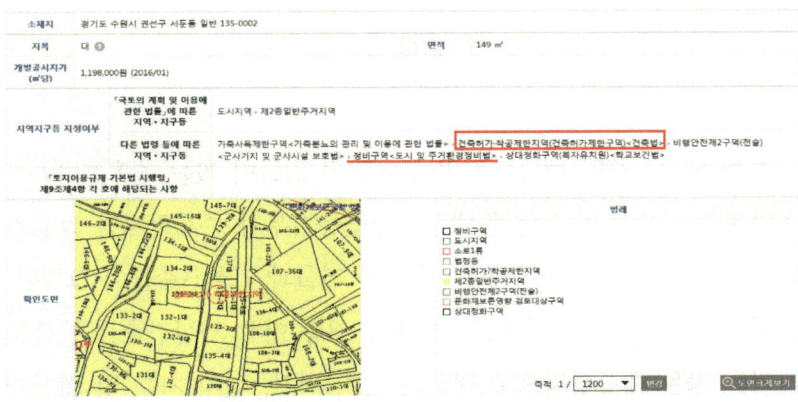

사진 10 건축허가·착공제한지역

가설건축물을 구분하라

경매물건을 보면 해당토지위에 완공된 건물이 있는 경우가 있다. 일반적으로 건물은 건축물 대장·건물등기부가 존재하지만 그렇지 않은 경우도 있다. 바로 미등기무허가 건물과 가설건축물이 그렇다.

재해복구, 흥행, 전람회, 공사용 등 3층 이하 가설건축물을 축조하려는 자는 대통령령으로 정하는 존치 기간, 설치 기준 및 절차에 따라 특별자치시장·특별자치도지사 또는 시장·군수·구청장에게 신고한 후 착공하여야 한다. 4층 이상이거나 제한 규정을 위반하는 경우는 허가사항이다.

가설건축물의 조건은 철근콘크리트조가 아니며 존치기간은 3년 이내이다. 연장신청을 할 수는 있지만 조건이 까다롭다. 전기·수도·가스 등 새로운 간선 공급설비의 설치를 필요로 하지 않으며 분양을 목적으로 건축하는 건축물이 아닐 것이다.

해당 건물이 미등기무허가 건물인지 가설건축물인지 구분하는 안목이 필요하다. 가설건축물인 경우 해당기간이 지나면 철거하여야 하는 한시적 건물이다.

사진 11 가설건축물

사진 12 가설건축물

[PART 03 건축법]

건축선을 염두하라

건축선이란 대지에 건축물이나 공작물을 건축 또는 설치 할 수 있는 한계선으로 건축선은 도로의 경계선과 일치 할 수도 있으나 그렇지 않을 수도 있다. 4미터 이상의 도로 소요 너비에 못 미치는 도로인 경우에는 그 중심선으로부터 그 소요 너비의 2분의 1의 수평거리만큼 물러난 선을 건축선으로 하며, 그 도로의 반대쪽에 경사지·하천·철도·선로부지·그 밖에 이와 유사한 것이 있는 경우에는 그 경사지 등이 있는 쪽의 도로경계선에서 소요 너비에 해당하는 수평거리의 선을 건축선으로 하며, 도로의 모퉁이에서는 대통령령으로 정하는 선을 건축선으로 한다.

이와 같이 따로 건축선을 설정하는 것은 건축물에 의한 도로의 침식을 방지하고 원활한 도로교통을 도모하기 위한 것이다.

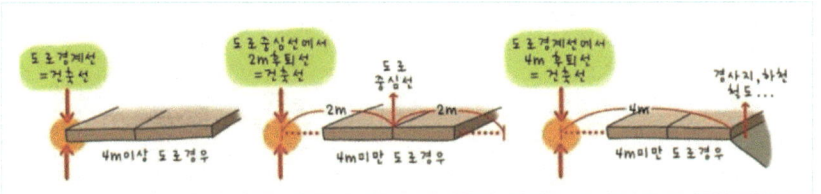

건축선

땅을 살 때는 도로너비를 잘 보고 사야한다. 소요너비에 못 미치면 건축선이 후퇴하므로 건축면적이 작아진다.

또한 특별자치시장·특별자치도지사 또는 시장·군수·구청장은 시가지 안에서 건축물의 위치나 환경을 정비하기 위하여 필요하

85

다고 인정하면 대통령령으로 정하는 범위에서 건축선을 따로 지정할 수 있다. 이렇게 지정된 건축선은 지체 없이 고시하여야 한다.

따라서 토지를 매수하고자 하면 가장 먼저 도로조건이 맞는지 살피고 따로 지정된 건축선의 여부를 지자체에 알아봐야 한다.

대지의 분할제한을 조심하라

건축물이 있는 대지는 일정면적 이하로 분할이 제한되는데 다음 각 호의 어느 하나에 해당하는 규모 이상을 말한다.(건축법시행령 80조)

1. 주거지역: 60㎡
2. 상업지역: 150㎡
3. 공업지역: 150㎡
4. 녹지지역: 200㎡
5. 그 외 지역: 60㎡

또한 건축물이 있는 대지는 대지와 도로와의 관계(대지는 2m 이상이 도로에 접해야 함) · 건폐율 · 용적률 · 대지안의 공지 등의 규정에 못 미치게 분할 할 수 없다.

분할제한 면적규정은 지분 경매 시 쟁점이 될 수 있다.

건축물이 있는 상업지역의 대지 중 100㎡ 지분물건이 경매에 나왔다. 매각기일에 공유자가 우선매수 신청할까 노심초사 하던 B가 다행히 낙찰을 받게 되었다. 쾌재를 부르며 환호를 한 B는 본격적으로 공유자를 만나러 갔다. 자신이 낙찰 받은 지분면적을 높은 가격에 매각하려 했지만 서로 원활한 협상이 되지 않았다. 이에 B는 해당 면적만큼 분할하고자 분할청구의 소를 제기하면서 꽤 어려운 문제를 알게 되었다. 해당 면적은 건축법에서 규정한 대지의 분할

제한면적 이하이므로 소송에서 승소하기 어렵고 조정의 절차를 거칠 가능성이 크므로 주도권을 잡지 못할 확률이 높다. 반대로 공유자는 낙찰자의 지분면적이 분할제한면적 이하라는 사실을 알고 있어 휘둘리지 않고 우위를 점할 수 있다. 매각기일에 공유자 우선매수 신청을 하지 않은 심오한 이유가 있었던 것이다.

[PART 03 건축법]

대지안의 공지를 유념하라

건축물을 건축하는 경우에는「국토의 계획 및 이용에 관한 법률」에 따른 용도지역·용도지구, 건축물의 용도 및 규모 등에 따라 건축선 및 인접 대지경계선으로부터 6미터 이내의 범위에서 대통령령으로 정하는 바에 따라 해당 지방자치단체의 조례로 정하는 거리 이상을 띄워야 한다.

❋ 건축선으로부터 건축물까지 띄어야 하는 거리

해당 용도로 쓰는 바닥면적의 합계가 1,000제곱미터 이상인 판매시설, 숙박시설(일반숙박시설은 제외한다), 문화 및 집회시설(전시장 및 동·식물원은 제외한다) 및 종교시설	3미터 이상 6미터 이하
다중이 이용하는 건축물로서 건축조례로 정하는 건축물	3미터 이상 6미터 이하

❋ 인접 대지경계선으로부터 건축물까지 띄어야 하는 거리

상업지역이 아닌 지역에 건축하는 건축물로서 해당 용도로 쓰는 바닥면적의 합계가 1,000제곱미터 이상인 판매시설, 숙박시설(일반숙박시설은 제외한다), 문화 및 집회시설(전시장 및 동·식물원은 제외한다) 및 종교시설	1.5미터 이상 6미터 이하
다중이 이용하는 건축물(상업지역에 건축하는 건축물로서 스프링클러나 그 밖에 이와 비슷한 자동식 소화설비를 설치한 건축물은 제외한다)로서 건축조례로 정하는 건축물	1.5미터 이상 6미터 이하

대지안의 공지는 건축물에 따라 세세하게 규정되지만 우선 일부만 간단히 적어 보았다.(건축법 시행령 별표2 참조)

예를 들어 보자.

상업지역의 연면적 3,000㎡ 근린생활시설 건물이 경매로 나왔다. 이를 문화 및 집회시설로 용도변경을 하여 수익을 극대화 할 생각으로 낙찰 받은 B씨. 상위군으로 용도변경허가 조건에도 무리가 없는 보였다. 하지만 간과한 사실이 있다.

대지안의 공지 규정에 맞지 않는 것이다.

연면적 1,000㎡ 이상인 문화 및 집회시설은 건축선으로부터 3미터 이상 6미터 이하의 거리를 띄어야 하는 것이다. 이는 3미터 이상 띄면 되는 것이 아닌 조례에서 정하는 기준에 부합해야 한다. 해당 조례의 기준이 5미터라면 건축선으로부터 5미터를 띄어야 한다. 실제 건축물을 들어 옮길 수 없는 노릇이니 대지안의 공지 규정을 맞출 수 없어 용도변경이 불가능한 것이다.

실제 리모델링을 생각하고 경매로 건물을 낙찰 받았지만 대지안의 공지 규정에 맞지 않아 개발이 좌절되는 경우를 많이 보았다.

[PART 03 건축법]

가로구역 높이제한을 파악하라

　가로구역이란 도로로 둘러싸인 일단의 지역을 말하며 허가권자는 가로구역을 단위로 하여 건축물의 높이를 지정·공고할 수 있고 특별시장이나 광역시장은 도시의 관리를 위하여 필요하면 가로구역별 건축물의 높이를 특별시나 광역시의 조례로 정할 수 있다.

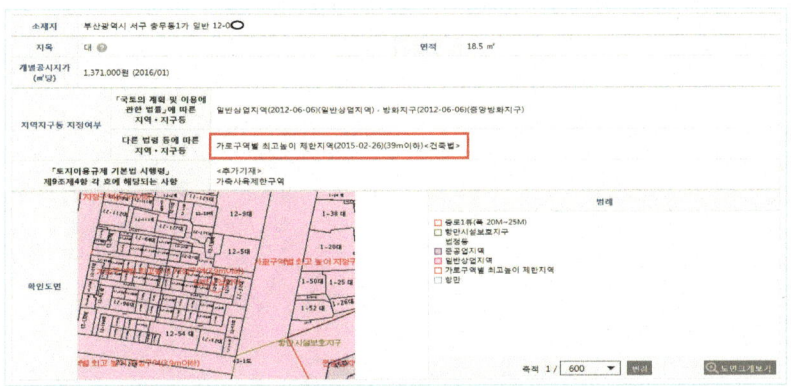

사진 13 가로구역별 최고높이 제한지역

　토지이용계획확인서를 보면 해당 가로구역별 최고높이 제한 여부를 확인할 수 있다. 이는 토지의 가치를 평가하는 데 있어 매우 중요하다. 용도지역이 상업이라 용적률이 아무리 높더라도 가로구역별 최고높이 제한 규정을 두었기에 이 높이 이상으로 건물을 짓지 못한다. 제2의 용적률 제한으로 무늬만 상업지역이 된다. 따라서 가로구역별 높이제한은 토지를 경매로 낙찰 받을 시 유념할 사항이다.
　재개발·재건축도 마찬가지다. 아무리 용적률이 높더라도 가로구역별 높이제한이 있다면 그 이상 높이는 불가능하기에 사업성 여부가 불투명할 수 있다.

[왕교수가 알려주는 부자되는 100억 경매]

PART

04

건축법과 경매투자 방법

- 건축허가권의 승계
- 건축허가 받은 토지가 착공 신고 전인 경우
- 건축허가 후 착공신고가 된 경우
- 사용승인 받은 건물의 토지만 경매로 나온 경우
- 제시외건물인 경우

건축허가권의 승계

토지를 경매로 낙찰 받는 경우 종전 소유자가 해당 부지 안에 건축물의 건축에 대한 허가를 받아둔 상태라면 건축법에 대한 정확한 지식이 없는 낙찰자의 경우 큰 낭패를 볼 수 있다.

전 소유자의 건축허가권이 낙찰자에게 승계되지 않는 경우가 있기 때문이다. 승계가 불가능한 것이 문제가 아니라 낙찰자의 명의로 새로운 건축허가를 받을 수 없기 때문이다. 그러므로 나대지 입찰시 반드시 건축허가 민원과 등에 해당 부지에 건축허가가 되어있는지 확인하여야 한다.

건축허가 ⇒ 착공신고 ⇒ 건물의 완공 ⇒ 사용승인 ⇒ 건축물대장

토지

건물을 짓기 위해서는 일련의 과정이 필요한데 먼저 해당 토지에 건축허가를 받고 그 후 착공신고를 하며 건축물이 완공된 후 사용승인을 받는다. 모든 과정을 순조롭게 마쳐 건축물의 사용승인을 받으면 문제가 없지만 건축허가를 받은 경우 또는 착공신고까지 한 상태에서 자금난에 빠져 해당 토지만 경매로 나오는 경우가 있다. 이 때 경매에 참여하기 위해서는 상황에 따라 신중히 살펴야 할 몇 가지 사항이 있다.

건축허가 받은 토지가 착공 신고 전인 경우

```
┌─────────────────┐
│    건축허가      │
└─────────────────┘
┌─────────────────┐
│      토지       │
└─────────────────┘
```

　입찰대상토지에 건축허가가 되었으나 착공신고가 안된 토지의 경우 낙찰자는 먼저 건축허가일이 언제인지를 정확히 파악해야 한다. 건축허가 받은 날로 2년 내 착공신고가 안된 경우 종전의 건축 허가는 절대적 취소 사유이므로 허가권의 취소 후 낙찰자는 새로운 건축허가를 받을 수 있다.
　또한 경매 낙찰자는 소유권 취득일로 6日 경과시 건축허가를 취소시킬 수 있다. 장기간 자금이 묶이는 상황이 발생할 수 있는 것이다.

　더욱 주의할 점은 기존소유자의 건축허가 취소 후 신규허가 가능여부와 법규 강화로 인한 가치하락이 있는지 면밀히 살펴야 한다. 법이 바뀌어 신규허가가 나지 않는 경우도 있고 법이 강화되어 토지의 가치가 하락하는 경우도 많기 때문이다. 법규가 강화되는 경우는 미리 일정기간 예정 고지를 거치기 때문에 관련 담당자에게 미리 문의를 하여 어떤 조치를 취할 것인지 판단해야 한다. 예를 들어 건축법, 주차장법 강화로 인해 신규허가 시 기존 인허가에 비해 건물 가치가 낮다면 기존 토지 소유주의 건축허가가 취소 될 때까지 기다리는 것보다 기존 허가권을 승계하는 것이 더 효율적이기 때문이다. 물론 이는 낙찰받기 전에 미리 상대방을 만나 조율 하는 방식을 취해야지 낙찰 받은 후 승계 받겠다고 찾아가면 합의금이 높아지는 것을 감수해야한다.

> **건축법11조**
> ⑦ 허가권자는 제1항에 따른 허가를 받은 자가 다음 각 호의 어느 하나에 해당하면 허가를 취소하여야 한다. 다만, 제1호에 해당하는 경우로서 정당한 사유가 있다고 인정되면 1년의 범위에서 공사의 착수기간을 연장할 수 있다. 〈개정 2014.1.14., 2017.1.17.〉
> 1. 허가를 받은 날부터 2년(「산업집적활성화 및 공장설립에 관한 법률」 제13조에 따라 공장의 신설·증설 또는 업종변경의 승인을 받은 공장은 3년) 이내에 공사에 착수하지 아니한 경우
> 2. 제1호의 기간 이내에 공사에 착수하였으나 공사의 완료가 불가능하다고 인정되는 경우
> 3. 제21조에 따른 착공신고 전에 경매 또는 공매 등으로 건축주가 대지의 소유권을 상실한 때부터 6개월이 경과한 이후 공사의 착수가 불가능하다고 판단되는 경우

경매 등으로 대지 소유권리가 상실된 경우에도 기존의 건축허가를 빌미로 새로운 건축허가 신청을 방해하는 등의 분쟁과 마찰소지를 줄이기 위하여 건축허가 받은 대지가 착공신고 전 경매 등으로 대지 소유권이 상실된 경우 소유권 상실일로 6월이 경과하면 기존 허가를 취소하도록 하였다. 경매에서는 낙찰자에게 유리해진 것은 사실이나 주의할 점이 몇 가지 있다.

첫째, 건축허가를 받고 착공신고일이 1년에서 2년으로 길어진 법규개정으로 건축허가 받은 건축주 입장에서는 기득권의 유지기간이

길어진 것이다.

  여기에서 유의할 점은 낙찰시 기존 건축허가가 6월 경과 시 무조건 취소되는 것이 아니라 착공신고 전에 경매 또는 공매 등으로 건축주가 대지의 소유권을 상실한 때부터 6개월이 경과한 이후 공사의 착수가 불가능하다고 판단되는 경우에 한하여 건축허가를 취소한다는 점이다. 유치권이나 법정 지상권의 성립 등이 인정되는 경우 등은 건축허가 취소가 어려울 수도 있다. 더욱이 이 경우 건축허가의 유지기간이 2년으로 개정된 것은 낙찰자에게 유리한 게 아니다.

  그런데 본격적인 문제는 이제부터다.

  농지전용, 산지전용, 개발행위허가를 받아 건축허가를 받은 경우라면 낙찰 후 착공전인 이유로 건축허가의 취소가 이루어진다면 일정 경우 더 끔직한 일이 일어날 수 있다.

  따라서 건축허가와 동시에 평면적 인허가 취소가 병행될 때의 문제점을 경우의 변수에 따라 조사하여야 한다.

[왕교수가 알려주는 부자되는 100억 경매]

건축허가 후 착공신고가 된 경우

건축허가 ⇒ 착공신고 ⇒ 경매진행

토지

토지와 건물의 일괄경매인 경우

토지와 건축허가 후 착공신고가 된 건축 중인 건축물이 일괄 경매로 나온 경우 낙찰자는 낙찰 후 건축주 명의 변경 후 완공하여 사용승인을 받을 수 있다. 낙찰자는 이 경우 허가권의 승계에 전혀 문제가 없다.

착공신고 후 건물이 완공되었는데 사용승인을 받지 않는 경우가 있다.

사용승인을 받으면 건축물대장이 만들어지고 이에 건물 등기가 이뤄지는데 채무가 많은 소유자가 이 건물 등기에 채권자의 가압류 등으로 인해 경매가 진행되는 것을 막으려는 목적으로 일부러 사용승인을 미루는 것이다. 이런 경우 법에서는 채권자가 건물에 대한 대위등기를 할 수 있도록 길을 열어 두었는데 이런 경우 채권자 대위권으로 건물등기가 이뤄지게 된다. 이 토지와 건물이 일괄경매로 나와 낙찰을 받은 B씨. B는 본인 이름으로 토지이전등기, 건물이전등기를 하게 된다.

자, 이제 문제없이 끝났는가? 이 건물 사용승인 받았는가? 채권자 대위권으로 등기는 이뤄졌어도 아직 사용승인을 받지 않은 건물이다. 이 건물에서 사고가 나거나 문제가 생기면 어떻게 될까? 낙찰자인 건축주가 모든 책임을 져야 한다. 따라서 토지와 건물이 일괄경매로 나온 경우 등기부만 보지 말고 반드시 건축물대장을 봐야 한다. 건축물대장이 없다는 것은 사용승인이 나지 않았음을 뜻한다. 사용승인이 난 후에 건물등기가 이루어진 경우는 보존등기 원인 사유에 사용승인으로 인한 보존등기라고 표기되는 데 반해 채권자가 대위하는 경우는 채권자 대위권에 의한 보존 등기, 법원의 직권명령에 의한 보존등기 등으로 표기 된다. 이런 물건을 낙찰 받았을 경우 낙찰자는 해당 관공서에 건축주 명의 변경을 통해 사용승인을 신청할 수 있다. 단 명의변경을 쉽게 생각해서는 안 될 주의점이 두 가지 있다.

첫째, 건축 관계자의 가압류가 있는 경우 주의해야 한다.

한 예를 들어 보자.

토지와 건축 중인 건물이 일괄 경매로 진행되는 경매사건이 있다(건물도 감정가에 포함되어 있음).

1순위로 저당권이 2순위로 홍길동의 가압류가 4,000만원 있다.

이런 경우 홍길동의 가압류 4,000만원을 낙찰자가 인수할까? 필자가 너무 쉬운 질문을 해서 헛웃음이 나오는가?

원칙적으로는 저당권이 말소기준등기이므로 가압류는 소제주의에 의해 낙찰자의 인수대상이 아니다.

여기서 낙찰 받은 B씨.

낙찰 받은 후 건축주 명의 변경을 하고자 부서를 방문하면 담당자는 해당 건물 설계자에게 의뢰해 건축주 명의 변경을 하라고 요구한다. 이에 당해 건축 설계사무소를 방문한 낙찰자는 어안이 벙벙한 얘기를 듣게 된다. 건축주 명의 변경을 해 줄 수 없다는 것이다. 이 건물을 외상 설계용역하고 건축허가 받아줬는데 경매 넘어가서 설계비도 못 받았고 나도 이제 상관하고 싶지 않으니 그냥 가라는 소리에 B씨는 "아이고 선생님, 그래도 해결을 해주셔야죠."하며 부탁을 한다.

한참 고민하는 듯한 관계자는 "그럼 내가 못 받은 설계용역비 4,000만원을 대신 주쇼. 그럼 내가 명의 변경 해드릴께요."한다.

입금계좌번호와 예금주 명의를 가만히 보니 어디선가 많이 본 듯한 이름이다.

기억을 되짚어보니 그 가압류권자인 홍길동. 그 이름이다!

사진 공사현장 앞 건축허가표지판

건축현장을 가보면 표지판에 설계자, 감리자 이름이 적혀 있다. 만약 해당 경매사건 등기부에 이 관계자들의 가압류가 있다면 못 받은 용역비임을 눈치 채야 한다. 이들의 금액은 가압류여서 형식적으로는 소제되지만 결과적으로 인수되는 꼴이라는 걸 명심해야 한다. 이들이 협조해 주지 않으면 건축주 명의변경이 안 되기 때문이다.

또 다른 주의할 점은 완공단계이다.
위법으로 준공에 문제가 있는 경우다. 실제 이런 건물 많다.
건물, 토지가 일괄경매로 진행 된 사건에서 낙찰 받아 명의 변경을 위해 설계사무소에 방문한 B씨. 설계사무소로부터 이 건물이 설계도면에도 없는 증축을 하고 세대 내 벽을 나누어 세대 수 증설을 했으며 1층은 근린생활시설인데 다가구로 바꾸는 등 위법 사항이 많아 준공승인이 나지 않은 경우라는 말을 듣는다. 기존 소유주는 불법 증설된 모든 세대수의 전세보증금을 들고 잠적한 상태다.
준공승인이 나지 않은 상태라 건축법상 모든 위법 책임은 잔금을 낸 낙찰자가 지게 된다. 그 많은 세대를 명도해야 하고, 증축한 부분 부수고, 세대 내 벽 허물며, 1층을 근린생활시설로 원상회복해야 한다. 가능할까? 어디 건물이 멀쩡히 살아남겠는가? 돈 벌어 보자고 낙찰 받았는데 한 순간에 위법자로 전락하는 순간이다.
따라서 완공단계 건물을 낙찰 받을 시 이런 문제에 대한 조사가 사전에 철저히 이뤄져야 한다.

토지만 경매 진행시의 경우

건축허가와 착공신고 후 공사 진행 중인 상태에서 토지만 경매가 진행되는 경우라면 가장 위험한 상태이다. 이런 토지가 경매에 나왔다면 가장 먼저 해당 토지위의 건축물 유(有), 무(無)를 살펴야 한다.

건축물이 존재한다면 이는 법정지상권의 성립 유무로 나뉘게 되는데 법정지상권이 성립한다면 지료를 청구하는 식으로 민법상의 접근을 취하면 된다.

법정지상권이 성립하지 않는다면 낙찰자는 건물철거 소송을 제기하여 건물철거를 구하는데 이 때 승소하여 건물철거를 하더라도 기존 토지주가 받은 인허가 문제가 대두된다. 한 필지에 두 개의 중복 인허가를 내 주지 않는 규정 때문이다. 소송에서 승소하여 건물철거를 하더라도 기존 건축 인허가가 자동 소멸되는 것이 아니기 때문에 건축의 허가권이 종전 소유자에게 존재하는 한 낙찰자는 새로운 건축의 허가를 받을 수 없다.

이번엔 해당 토지위에 건축물이 없는 경우를 살펴보자.

착공신고까지 한 상태인데 건축물이 없는 경우 과연 직권으로 기존 건축허가 취소가 가능할까?

이는 정답이 없다. 이유는 애매모호한 건축법으로 해당 지자체 담당자마다 해석이 다를 수 있기 때문이다. 건축법에 해당 기간 이내에 공사에 착수하였으나 공사의 완료가 불가능하다고 인정되는 경우는 건축허가를 취소하여야 한다고 규정하고 있다(건축법 11조7

항2호). 이에 공사의 완료가 불가능하다고 인정하는 범위나 상황들에 대한 객관적인 언급이 없어 관계 담당자의 재량에 맡기고 있다. 해당 지자체 담당자가 이에 대한 경험이 많아 직권 취소(청문회 절차를 거친다)를 해 주면 좋지만 경험이 없거나 이제 부임한 담당자가 재량으로 판단하여 취소시키기에는 부담이 작용하여 직권취소를 거부하는 경우가 많다. 이런 경우 해당 구청을 상대로 행정소송을 제기해야 하는데 짧으면 1년, 길면 2년이 걸리는 이 소송기간 동안 건축행위 등 어떠한 개발행위도 할 수 없음에도 자금이 묶이고 대출이자는 계속 지출되며 구청을 상대로 쟁점을 다투는 소송의 고통을 겪어야 한다는 게 요지다.

따라서 건축허가와 착공신고는 되어 있는데 건축물이 없는 토지가 경매로 나왔다면 반드시 입찰 전에 지자체에 해당 건축허가 취소가 가능한지 여부를 미리 문의한 후 입찰을 하는 신중을 기해야 한다.

사용승인 받은 건물의 토지만 경매로 나온 경우

　사용승인을 받았다는 뜻은 건축 인허가권이 만료되었다는 뜻이다. 건축허가는 사용승인 받기 전까지 유효한 것으로 사용승인을 받은 후에는 건물만 남는 것이지 인허가권을 취소하느냐의 문제가 아니므로 사용승인 후에는 인허가권의 논쟁은 더 이상 할 필요가 없다.
　이 때 낙찰자는 토지소유주가 되고 건물은 기존 건축주이므로 이 때는 법정지상권 유무로 다툼이 있을 뿐이다.

 ## 제시외건물인 경우

경매물건을 보면 제시외건물 등 '제시외'라는 말이 눈에 띌 때가 많다.

'제시외'란 무엇을 뜻할까?

여기서 '제시외'란 공적장부(제시)에서 제외란 뜻으로 공적장부에 기재가 되지 않았음을 의미한다. 일반적으로 제시외물건이 매각에 포함되는지 여부는 소유주가 채무자인가, 제3자인가에 따라 나뉘게 된다. 건물의 소유자겸 채무자가 제시외물건의 소유자라면 매각에 포함되는 경우가 많고 그렇지 않고 제3자(임차인 등)의 소유라면 매각에서 제외된다.

질문을 드려 보겠다.

매각물건명세서에 '제시외건물 매각포함'과 '제시외건물 매각제외'라고 적혀있을 때 어느 경우가 낙찰자에게 유리할까?

대부분 사람들이 제시외 건물까지 덤으로 얻을 수 있는 '제시외건물 매각포함'을 선호한다.

과연 이 상황이 유리할지 한 번 살펴보자.

매각물건명세서에 '제시외물건 매각포함'이라고 기재된 물건을 내가 낙찰 받았다면 이 제시외 물건은 내 소유가 된다. 그럼 좋은 일일까? 이는 민법과 공법으로 나눠볼 수 있는데 민법상은 내 소유가 되고 문제가 발생하지 않지만 공법에서는 위법건축물의 문제로 바뀔 수 있는 위험성을 안고 있다. 엄연히 건축물대장에 등재되지 않는 물건이기 때문이다. 이 때 원상복구로 시정가능한지, 시정이 불가능할 정도라면 부과되는 이행강제금은 얼마인지를 파악하여 입찰여부를 선택해야 한다.

특히 위법건축물 문제는 명도에서 난항을 겪을 수 있다. 불법 증축인 경우 용적률 위반으로 시가표준액의 50%에 해당하는 금액을 해당 면적에 곱하여 일 년에 2번씩 이행강제금을 부과하는데 이 이행강제금의 규모가 엄청난 금액인 경우가 꽤 있다. 이행강제금 부담으로 원상복구를 하려 해도 위법건축물 부분에 임대차가 유지되고 있고 더욱이 대항력 있는 임차인의 임차기간이 남아있기에 원상복구가 불가능하다. 대항력 있는 임차인이 배당요구를 하지 않았을 경우 임차기간 만료(주택임대차 2년, 상가건물임대차 5년)까지 거주할 수 있는데 이에 이행강제금을 계속 내든지 임차인과 협의하여 임차인을 이사시킨 후에 원상복구를 하든지 선택해야 한다. 임차기간이 남아있는 대항력 있는 임차인을 이사시키려면 꽤 많은 금액의 합의금이 소요됨을 눈감고도 짐작할 수 있다.

싸게 낙찰 받았다고 좋아했는데 결과적으로 시세보다 비싸게 산 꼴이 되는 것이다.

이번에는 '제시외물건 매각제외'라고 기재된 물건을 내가 낙찰 받았다면 이 때 민법상으로는 제시외 물건을 법정지상권 성립여부로 다투면 되고 공법적으로는 문제가 발생하지 않는다. 제시외 물건이 위반건축물이어도 매각에서 제외되었기 때문에 내 소유가 아니기 때문이다.

[PART 04 건축법과 경매투자 방법]

정리하자면

제시외물건이 매각에 포함되는지 여부를 꼼꼼히 살피고 반드시 건축물대장과 비교하여 제시외 부분을 정확히 파악하여야 한다. 제시외물건이 매각에 포함되고 매각물건명세서에 대항력 있는 임차인이 기재되어 있을 시 신중 또 신중을 기해야 한다.(임차인의 대항력은 무허가, 미등기건물에도 인정된다.)

[왕교수가 알려주는 부자되는 100억 경매]

PART

05

법정지상권과 경매투자

- 법정지상권 성립요건(민법)
- 건축주 명의변경의 함정
- 토지임차권과 법정지상권의 함정
- 가설건축물의 법정지상권?

법정지상권 성립요건(민법)

- 저당권 설정당시에 토지에 건물이 존재하였어야 함. 무허가, 미등기건물 재축, 개축, 신축한 경우에도 인정
- 저당권 설정 당시에 토지와 건물이 동일 소유자에 속하고 있을 것
- 토지 또는 건물 어느 한쪽에 저당권이 설정되어 있을 것
- 경매결과 토지와 건물의 소유자가 각각 달라졌을 것

여기서 살펴보자.

민법의 법정지상권 성립요건에 저당권 설정당시에 토지에 건물이 존재하였어야 한다. 이 때 건물의 존재는 어느 시기를 말하는 것일까?

건축허가① ⇒ 착공신고② ⇒ 사용승인③ ⇒ 건축물대장④ ⇒ 건물보존등기⑤

이 일련의 과정 중 어느 시기까지 진행되어야 건물이 존재했다고 인정을 하는 것일까? 사용승인을 받아야 건물이 존재하는 것일까? 그럼 미등기 무허가 건물에도 건물의 존재를 인정한 판례를 거스르는 것이다. 이에 공법을 살펴봐야 한다.

건축법에서 건축물을 다음과 같이 정의하고 있다.

"건축물"이란 토지에 정착하는 공작물 중 지붕과 기둥 또는 벽이 있는 것과 이에 딸린 시설물, 지하나 고가 의 공작물에 설치하는 사무소·공연장·점포·차고·창고, 그 밖에 대통령령으로 정하는 것을 말한다. (건축법2조1항2호)

[PART 05 법정지상권과 경매투자]

한 사례를 보자.

토지만 경매 진행되는 사건이 있었다. 해당 토지에 임장을 간 B는 토지가 풀로 덮여있고 한 쪽 웅덩이처럼 보이는 곳에 물이 고여 있음을 보고 대수롭지 않게 생각하여 이 토지를 낙찰 받았다. 보이는 건물이 없으므로 법정지상권이 문제 될 것이 없다는 게 B의 판단이었다. 해당 토지를 낙찰 받은 B는 다시 현장을 찾아가서 주위를 살펴보다 웅덩이에 나무막대기를 넣어 휘저어보다 깜짝 놀랐다. 콘크리트 계단이 느껴졌기 때문이다. 이에 부랴부랴 사람을 시켜 물을 빼보니 그 곳은 이미 지하공사가 끝나고 지하천장을 덮은 상태였다. 자금난에 공사가 방치되는 동안 바람이 불며 콘크리트 위로 흙이 덮여 풀이 자라고, 지하로 내려가는 계단 구멍으로 물이 차 있어 현장에서는 지하가 전혀 보이지 않았던 것이다. 동분서주 알아보니 저당권은 지하 지붕 콘크리트 타설이 된 후에 설정되었기에 이 사건은 저당권 설정당시 토지와 건물(지하1층)이 존재하고 있던 것이다. 법정지상권이 성립함을 깨달으며 하늘이 무너지는 순간이다.

다시 한 번 건축법상 건축물의 규정을 봐라.

지하, 차고, 창고도 기둥(또는 벽)과 지붕이 있으면 건축물로 인정한다. 지상으로 건물이 올라와야 건축물인 것이 아닌 것이다. 최하층 바닥의 지붕을 덮으면 건축물로 인정됨을 유의해야 한다. 지하가 있는 건축물은 지하 최하층 바닥의 지붕(즉 바로 윗층의 바닥)이 있으면 건축물이며 지상층만 건축하는 경우 1층의 지붕(1층의 천장이면서 2층의 바닥인 부분)이 존재하면 건축물인 것이다.

처음 설계하여 건축허가 받은 층수와 상관없이 가장 최하층 바닥의 지붕이 덮여있다면 건축물이다(지붕을 덮기 위해서는 기둥 또는 벽이 필요하므로 기둥과 벽에 대해서는 부가설명을 따로 하지는 않겠다).

건축주 명의변경의 함정

법정지상권의 가장 첫 번째 전제조건이 저당권 설정당시에 토지와 건물이 동일소유자에 속할 것이다. 저당권 설정 당시 동일 소유자에 속하지 않으면 법정지상권은 성립하지 않는다.

다음은 실제 용인에서 있었던 경매 사건을 간단히 요약해 본 것이다. 법정지상권의 성립 여부를 독자들도 잘 살펴보길 바란다.

> A 소유 토지 + B 건축허가, 착공신고

A소유 토지에 B가 건물을 지어 분양하기로 하였다. B명의로 건축허가를 받고 착공신고를 한 후 건물을 짓다가 사용승인 전에 A에게 건축주 명의변경을 하게 된다. 제법 큰 면적의 A소유 토지에 분필을 하여 사도를 내고 단독주택을 지어 분양하는 방식이었는데 중간 정산과정을 거치며 일부 분필 토지를 B명의로 변경하고 일부 건축주 명의를 A로 변경하는 식의 과정을 거친 것이다. 이렇게 A로 건축주 명의가 되어 있는 해당 토지와 건물을 다시 C에게 팔게 된다. 자금이 부족한 C는 해당 토지에 저당권을 설정하고 대출을 받아 A에게 대금을 지급하게 된다. 이후 이 저당권 실행으로 토지만 경매시장에 등장하게 된다(건물은 사용승인 전이며 토지에만 저당권이 설정되어 있었음). 이 때 많은 입찰자들이 관심을 보였고 낙찰의 기쁨이 채 가시기도 전에 잔금납부를 포기하며 줄줄이 입찰보증

금을 날렸다. 자칭 이름만 대면 알만한 고수라는 분들도 이 중에 있었다.

해당 입찰자들은 토지의 현재 소유주가 C라는 것을 알고 있다(토지 등기부). 이에 해당 건물의 건축허가와 착공신고를 누가 받았는지 여부를 지자체 담당자에게 물었고 담당자는 B가 건축허가를 받았고 B가 착공신고를 했음을 말했다. 토지는 A → C로 변경되었고 건축주는 B이다. C의 소유권이전과 함께 설정된 저당권 당시 건축주는 B인 것이다. 토지와 건물의 소유자가 다르다. 즉 법정지상권이 성립하지 않는다는 결론에 낙찰을 받았고 결과는 보증금을 날렸다. 재경매를 거듭하며 매수신청보증금 액수도 20%, 30%로 올라갔는데 이 높은 보증금을 내고 낙찰 받은 사람들도 잔금납부를 포기해 보증금을 날리게 되어 채무자가 이들의 보증금으로 채무를 변제하고 결국 경매가 취하되는 기이한 사건이었다.

왜 그들은 낙찰을 받고도 입찰보증금을 포기할 수밖에 없었을까?
법정지상권이 성립하지 않을 것이라 믿고 낙찰 받은 이 사건은 사실 법정지상권이 성립한다. 분명 초기에 건축허가와 착공신고를 B가 받았지만 이후 A를 거쳐 C에게 건축주 명의변경이 된 것이다.
C소유 토지에 저당권이 설정될 당시 건축주는 C인 것이다. 그렇다면 해당 지자체 담당자는 왜 건축주를 C라고 알려주지 않고 B라고 얘기한 것일까?
답은 물어보지 않았기 때문이다. 사람들은 이 건물의 건축허가와 착공신고가 언제인지를 알아보았기에 담당자도 해당 시기의 건축허가와 착공신고인 당사자 B를 알려 준 것이다.

왜 건축주 명의 변경이 된 사실을 알려주지 않았냐고 담당자에게 따지기 전에 건축주 명의 변경이 되었냐고 묻지 않은 자신을 탓해야 한다. 담당자는 묻는 대로 답하기 때문이다.

따라서 건축허가, 착공일자만을 살필게 아니라 중도에 건축주 명의 변경이 되었는지를 반드시 알아보아야 한다. 이게 바로 **건축주 명의 변경의 함정**이다.

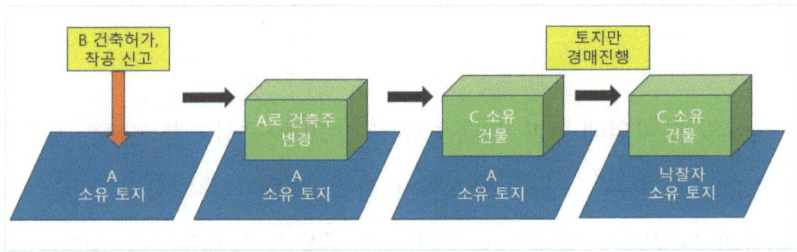

사진 C로 건축주명의 변경

토지임차권과 법정지상권의 함정

A소유 토지위에 B가 건축허가를 받고 착공신고를 한 후 완공, 사용승인을 받은 조립식 샌드위치 판넬 건물이 존재하고 있다. 이때 A의 토지만이 경매로 나오자 법정지상권 성립유무를 살핀 C는 법정지상권이 성립하지 않음을 파악하고 이 물건에 입찰하여 낙찰을 받게 된다. 이 후 낙찰자 C는 건물소유주인 B를 상대로 건물철거 및 토지인도에 관한 청구 소송을 제기한다. 건물의 법정지상권이 성립하지 않으므로 이 소송에서 낙찰자 C가 승소할까?

실제 판결은 건물주 B가 승소, 낙찰자 C가 패소했다. 이유는 무엇일까? 바로 변론 때 제출한 건축주 B의 서류 한 장이 결정적인 증거가 되었다.

자, 여기서 한 가지 질문을 드리겠다.
'임차권'

이 임차권은 물권일까? 채권일까?

임차권은 채권이다.

물권이란 그 물건에 갖는 절대적 권리로 배타적이며 대항력이 있는데 반해 채권은 당사자에게만 주장할 수 권리이며 제 3자에게 대항력이 없다. 이런 채권이 물권화되어 대항력이 있는 다섯 가지 경우가 있다.

첫째, 주택임대차보호법 상의 점유+전입신고를 한 임차인
둘째, 상가건물임대차보호법 상의 사업개시+사업자등록을 한 임차인
셋째, 등기된 임차권
넷째, 농지법상의 농지임차인
다섯째, 건물보존 목적의 차지임차권 이다.

특히 건물보존 목적의 차지임차권을 모르는 분들이 많은데 반드시 꼭 기억해야 한다.

민법 제622조(건물 등기있는 차지권의 대항력)
① 건물의 소유를 목적으로 한 토지임대차는 이를 등기하지 아니한 경우에도 임차인이 그 지상건물을 등기한 때에는 제삼자에 대하여 임대차의 효력이 생긴다.
② 건물이 임대차기간 만료전에 멸실 또는 후폐한 때에는 전항의 효력을 잃는다.

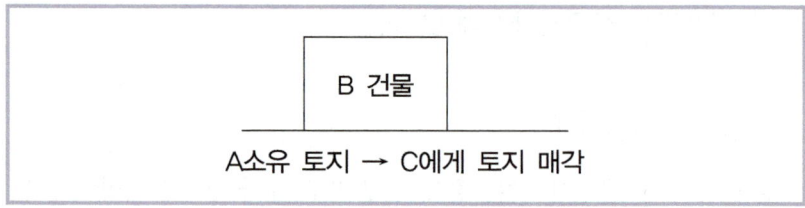

A소유 토지위에 B의 건물이 있는 상태에서 C에게 토지만을 매각하였을 때 새로운 토지 소유주인 C가 건물주 B에게 소유주가 바뀌었음을 이유로 토지인도를 요구하며 건물철거를 주장하였을 때 이는 B와 C의 개인 간의 분쟁이지만 나아가 멀쩡한 건물 철거로 인한 국가적인 손해를 야기하게 된다. 이에 법에서는 일정 규정을 갖추었을 경우 건물주에 대항력을 부여해 토지의 소유주가 바뀌어도 건물이 철거되는 일이 없도록 하였다. 이게 바로 차지권의 대항력이다. 따라서 토지임대차를 등기하지 않아도 임차인이 지상건물을 짓고 이를 보존등기한 때에는 제삼자에 대하여 대항력이 발생하는 것이다.

임대차계약서의 존재

앞에서 낙찰자 C가 패소한 이유를 이제 알겠는가?

바로 건물주 B가 판사에게 내민 토지임대차 계약서 때문이었다. 법정지상권은 성립하지 않지만 토지임대차 차지권의 대항력으로 이긴 것이다. 따라서 이런 물건이 경매시장에 등장하면 단순히 법정지상권의 성립유무만을 따질게 아니라 건물주가 토지소유주와 토지임대차 계약을 맺었는지 여부를 살펴야 한다. 그럼 입찰자가 토지임대차 여부를 어떻게 확인할 수 있을까?

바로 그 건물을 설계한 설계사무소에 문의하는 것이다. 건물의 건축물대장에 기재되어 있는 설계사무소를 방문하여 해당 A소유 토지에 B가 건물을 지을 때 토지사용권원이 무엇이었는지 알아봐야 한다. 처음 건축사무소에서 건축의뢰를 받을 때 남의 땅에 함부로 건축의뢰를 받지 않는다. 정확한 원인서류를 받은 후 구청에 설계도서와 함께 건축허가를 넣는 것이다. 물론 형식은 토지사용승낙이라는 서류이지만 그 토지사용승낙에 대한 권원이 무엇인지를 확인하라는 말이다. 이 권원이 토지임대차라면 건축주는 제 3자에 대하여 대항력이 있는 것이다.

이렇게 차지권이 있는 토지의 낙찰자는 토지임대차 기간 만료까지 지료만 받고 기다려야 하며 임대차 기간 만료 후 계약 갱신을 거부할 경우 임차인의 매수청구권으로 인해 해당 지상물을 현존가치로 매수해야 하는 이중 부담을 안게 된다.

> **민법 제643조(임차인의 갱신청구권, 매수청구권)**
> 건물 기타 공작물의 소유 또는 식목, 채염, 목축을 목적으로 한 토지임대차의 기간이 만료한 경우에 건물, 수목 기타 지상시설이 현존한 때에는 제283조의 규정을 준용한다.
>
> **민법 제283조(지상권자의 갱신청구권, 매수청구권)**
> ① 지상권이 소멸한 경우에 건물 기타 공작물이나 수목이 현존한 때에는 지상권자는 계약의 갱신을 청구할 수 있다.
> ② 지상권설정자가 계약의 갱신을 원하지 아니하는 때에는 지상권자는 상당한 가액으로 전항의 공작물이나 수목의 매수를 청구할 수 있다.

실제 이런 사례를 보았다.

과거 토초세(토지초과이득세), 비사업용 토지 중과에 대한 부담으로 토지주들이 토지임대차 계약을 맺는 경우가 꽤 있었다. 지상건물로는 조립식 판넬로 지은 카센터, 세차장 등을 영업하는 경우를 많이 보았다. 이런 토지가 경매로 나왔을 때 지상 조립식 건물이 법정지상권 성립이 되지 않음을 이유로 낙찰을 받아 건물철거 소송에서 토지임차권(차지권)의 대항력으로 패소하는 경우를 종종 본 것이다. 하나만 알고 둘은 모른 자의 눈물겨운 패배다.

특수물건 해서 돈 벌었다는 사람들 얘기 들어봤을 것이다. 본인들이 떠드니까..

특수물건 해서 돈 잃었다는 사람 얘기는 별로 들어 보지 못했을 것이다. 본인들이 입 다물고 있으니까...

누가 돈 벌었네 하는 얘기에 얇은 귀로 팔랑거리지 말고 본인의 실력을 충분히 쌓은 다음 도전해 보라. 돈 버는 것은 어렵지만 잃은 것은 한 순간이다. 내 실력이 내 돈을 지켜주고, 내 돈을 늘려준다.

가설건축물의 법정지상권?

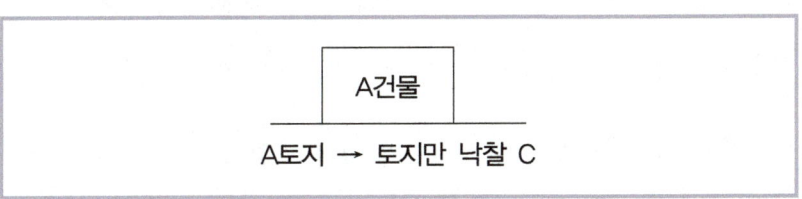

A소유 토지위에 A 소유 건물이 있다. 토지위에 건물이 존재 한 뒤에 저당권이 설정되어 법정지상권이 성립할 소지가 높다. 건축물대장과 건물의 보존등기는 존재하지 않는다. 그럼 위법 건축물일까? 이러면 얘기가 좀 복잡해진다. 낙찰자인 C가 구청에 가서 담당자에게 물으니 이 건물은 가설건축물이라 한다.

가설건축물?

가설건축물이란 한시적 건물을 말한다. 일정기간 동안 건물을 짓고 그 기한이 끝나면 철거하는 건물로 대표적인 예가 아파트 모델하우스다. 이 가설건축물은 법정지상권과 부딪치지 않는다. 이 말인 즉, 가설건축물이란 존치기한(보통 2년)이 정해져 있으므로 이 기한이 끝나면 철거를 하여야 하며 만약 가설건축물의 존치기한을 연장하고자 한다면 토지주의 동의를 받아야 한다. 이 토지를 낙찰받은 C가 새로운 토지주이므로 C의 동의 없이는 가설건축물 연장이 불가능하다는 말이다.

C 토지주의 연장 동의를 받지 못한 A건물은 무허가건물이 된다. 무허가건물은 $1m^2$ 시가표준액의 50%에 달하는 금액을 해당면적에

곱한 이행강제금이 일 년에 두 번씩 부과된다. 이행강제금 납부를 지연하면서 A가 계속 사용하고 있다면 C토지주는 연장이 안 된 무허가 건물을 계속 사용하는 A에 관해 행정대집행의 촉구를 민원 제기하고 이에 해당 구청은 행정대집행을 실행 할 수 있다.

따라서 건축물대장과 보존등기가 없다고 위법건축물이라고 단정 짓지 말고 현장에 가서 건물형태가 조적구조로 견고하게 지어진 것이 아니라 철거 용이하게 지어진 건물이라면 가설건축물일 가능성을 고려해 보라.

즉, A의 건물이 법정지상권이 성립하여도 가설건축물이라면 낙찰자인 C가 우위를 점할 수 있다. 법정지상권을 공법으로 풀어나갈 수 있는 것이다.

PART 06

주택법, 택지개발 촉진법

- 주택법의 존재이유
- 주택단지 경매물건 조심!
- 득과 실의 갈림길 - 매도청구
- 택지개발 촉진법 - 택지개발예정지구
- 득이 될 수 있는 환매권

주택법의 존재이유

일반적으로 대지 안에 건물을 짓기 위해서는 건축허가를 받아야 하는데 이는 건축법의 적용 대상이다. 하지만 일정규모 이상인 주거용 건물을 짓기 위해서는 건축법이 아닌 주택법의 적용 대상인데 이는 많은 양의 주택이 일시에 공급되면서 주변 집값에 영향을 끼치는 파급력과 건축과정에서 부실공사가 진행될 시에 수많은 사람들이 고스란히 피해를 안게 되는 심각성 등 건축법으로 규제하기엔 한계가 있어 주택법을 제정하여 일정규모 이상인 주거용 건물 행위의 허가·규제·감독을 함으로써 국민의 주거안정과 주거수준의 향상에 기여함을 목표로 한다. 여기서 일정규모 이상이란 단독주택 30호, 공동주택 30세대 이상이다.

이 법에서는 건물을 다량으로 공급할 수 있는 자(사업주체)의 조건을 두어 이에 부합하는 자만이 주택을 짓도록 한다. 이 사업주체가 건축할 주택에 관한 사업계획을 관계 부서에 제출하면 규모에 따라 국토교통부장관·시·도지사 또는 시·군·구청장이 이를 검토하여 사업계획의 승인여부를 결정·통보한다.

[PART 06 주택법, 택지개발 촉진법]

 주택단지 경매물건 조심!

주택단지란 주택건설사업계획 또는 대지조성사업계획의 승인을 받아 주택과 그 부대시설 및 복리시설을 건설하거나 대지를 조성하는 데 사용되는 일단의 토지를 말한다. 이렇게 승인된 주택단지 부지의 일부 토지가 사업주체의 부도 등으로 경매로 나오는 경우가 있는데 이는 입찰에 신중을 기해야 한다.

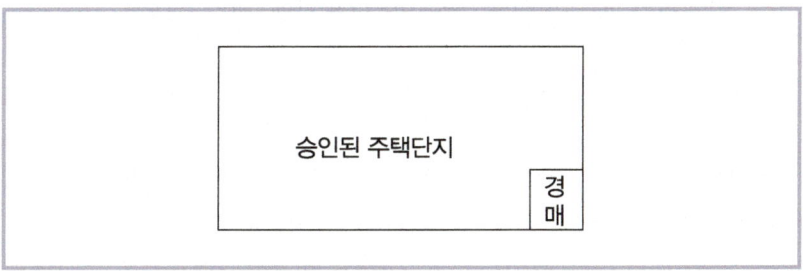

실제 이런 토지를 낙찰 받은 A씨는 소유권 이전등기 후 건축허가를 받기 위해 건축과를 찾았다 깜짝 놀라는 소리를 듣게 된다. 이 토지는 승인된 주택단지 내 부지의 일부이므로 따로 건축허가를 받을 수 없고 원래 승인되었던 주택건설사업계획 또는 대지조성사업계획으로만 쓸 수 있어 소유자임에도 이 토지에 할 수 있는 행위는 없는 것이다. 해당 사업주체는 부도가 나서 사업시행이 언제 될지 기약이 없다.

물론 사업계획승인이 취소되면 가능한 일이나 이는 쉽지 않다. 사업계획승인 취소에 관한 사항이 법에 명시(주택법 16조)되어 있으나 취소여부는 절대적 취소사유가 아닌 사업계획승인권자의 재량에 맡기고 있기 때문이다.

따라서 사업주체의 부도로 주택단지의 일부 토지가 경매에 나온다면 주택법의 사업계획 승인을 받은 곳인지 여부를 해당 부서에 꼭 확인하여 승인된 주택단지라면 입찰에 신중을 기해야 한다.

여기서 기억 할 것은 현재 법규는 낙찰자 보호조치가 있지만 경매가 진행되는 물건은 주택법 개정 이전에 사업계획을 승인받는 부지가 진행되는 경우가 많아 이런 물건의 낙찰자는 보호를 받지 못한다. 그러므로 주택법에 의해 사업계획승인이 된 부지 낙찰시 반드시 주택과에 관련사항을 문의하여 확인해 봐야 한다.

득과 실의 갈림길 - 매도청구

　주택사업을 실시하는 사업주체는 공공기관과 민간업체로 나뉜다. 사업주체가 사업계획을 세워 이를 승인권자에게 승인을 받기 위해서는 해당 사업부지에 대한 소유권을 확보해야 하는데 이는 사업주체에 따라 다르다.

　공공기관(LH 등)은 사업계획승인을 받기 위해 대지소유권이 없어도 된다. 수용권이 있기 때문이다. 사업계획이 승인되면 바로 사업인정고시가 되어 공익사업을 위한 토지 등의 취득 및 보상에 관한 법률(약칭: 토지보상법)에 따라 이 시점의 공시지가를 기준으로 보상하여 수용할 수 있다. 따라서 공공부분의 아파트 건설부지 중 일부 토지를 소유하고 있다면 이는 수용 관점으로 접근해야 한다.
　이번에는 민간업체를 보자.
　민간업체는 80% 이상의 대지소유권을 확보해야 사업계획승인을 받을 수 있다. 사업계획승인을 받은 사업주체는 해당 주택건설대지 중 사용권원을 확보하지 못한 대지(건축물 포함) 소유자에게 그 대지를 시가로 매도할 것을 청구할 수 있다. 이 경우 매도청구 대상이 되는 대지의 소유자와 매도청구를 하기 전에 3개월 이상 협의를 하여야 한다.
　주택건설대지면적의 95% 이상의 사용권원을 확보한 경우 사용권원을 확보하지 못한 대지의 모든 소유자에게 매도청구 가능하고, 80~94% 사용권원을 확보한 경우에는 사용권원을 확보하지 못한 대지의 소유자 중 지구단위계획구역 결정고시일 10년 이전에 해당 대지의 소유권을 취득하여 계속 보유하고 있는 자를 제외한 소유자에게 매도청구 가능하다. 따라서 민간업체는 95% 사용권원을 확보하기 위해 많은 노력을 한다.

민간업체가 주택단지 내의 95%의 사용권원을 확보하였고 이 중 일부 토지가 경매로 나왔다면 토지가 어디에 속하느냐를 파악하여 대응책을 마련해야 한다.

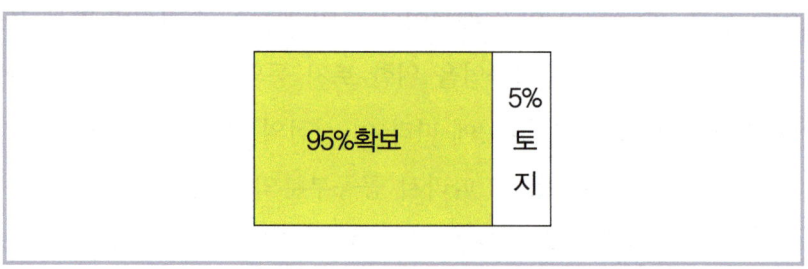

경매 대상 토지가 5%의 범위에 들어있는 경우를 보자.

사업주체가 주택건설대지 면적의 95% 이상의 사용권원을 확보한 경우 사용권원을 확보하지 못한 대지의 모든 소유자에게 매도청구 가능하기에 이 토지의 낙찰자는 매도청구 당사자가 될 가능성이 높다. 3개월 이상 협상이 원만히 이루어지지 않을 경우 사업주체는 법원에 매도청구 소송하여 판결을 통해 시가로 해당 토지의 소유권을 확보할 수 있기 때문이다.

이번에는 다른 경우를 보자.

민간업체가 확보한 95%의 사용권원 부지 중 일부 소유자의 토지가 경매로 나와 이를 B가 낙찰 받았다면 협상의 우의를 점할 수 있다. 사업주체는 95%의 사용권원을 확보한 경우 나머지 5%에 대해 강력한 매도청구를 할 수 있지만 80%~94%를 확보한 경우 나머지 토지 소유자 중 지구단위계획구역 결정고시일 10년 이전에 해당 대지의 소유권을 취득하여 계속 보유하고 있는 자에게는 매도청구를 할 수 없기 때문이다. 따라서 시가보다 높은 가격으로 B의 토지를 매수하여 다시 95% 사용권원을 확보하려고 노력할 것이다. 다만 B가 너무 높은 가격을 제시할 경우 5%의 토지 소유자 중 일부와 협상을 하여 사용권원을 95% 이상으로 만든 뒤 역으로 B의 토지를 매도 청구할 수 있으므로 무리한 욕심은 좋지 않다.

택지개발 촉진법 - 택지개발예정지구

국민의 주거안정과 주거수준의 향상을 위해 일정 규모(30호·세대 이상)이상의 주택을 건축 시 주택법을 적용받게 된다. 하지만 이런 주택을 짓기 위해서는 일정 부지가 필요한데 이를 시행자가 일일이 매입하기란 쉽지 않은 작업이다. 이에 국가에서는 주택건설에 필요한 택지의 취득·개발·공급 및 관리 등에 관하여 택지개발 촉진법으로 특례를 규정함으로써 국민 주거생활의 안정과 복지 향상에 이바지함을 목적으로 한다. 여기서 '택지'란 개발·공급되는 주택건설용지 및 공공시설용지를 말한다.

택지개발예정지구는 안정적인 주택 공급을 위해 일정 구역을 지정해 택지를 조성하는 곳으로 '택지개발지구'라고 부른다. 택지개발사업을 시행하기 위해서는 도시지역과 그 주변지역 중 지정권자가 해당 지역을 택지개발지구로 우선 지정하고 시행자를 지정하여 택지개발계획을 수립해야 한다.

지정권자가 택지개발지구를 지정하려는 경우에는 이를 공고하여 주민 및 관계 전문가 등의 의견을 들어야 한다. 다만, 국방상 기밀 유지가 필요하거나 경미한 사항을 변경하는 경우에는 그렇지 않다.

기초조사를 거쳐 주민의견 청취 후 지정하여 수용하는 경우도 있지만 이런 경우 주민의견 청취 과정에서 미리 소문이 나서 개발행위 등으로 인한 보상액이 높아질 가능성이 높아 주민 의견 청취 전에 미리 택지개발지구로 지정할 수 있다.

지정된 택지개발예정지구 내에서는 건축물의 건축, 공작물의 설치, 토지의 형질변경, 토석의 채취, 토지분할, 물건을 쌓아놓는 행위 등을 하기 위해서는 시·도지사의 허가를 받아야 한다. 이러한 규정을 위반할 시에는 원상회복 명령을 받을 수 있고 이를 이행하지 않을 경우 대집행을 할 수 있다. 따라서 택지개발예정지구의 토지를 매입 시 개발행위 등의 제한이 많으므로 수용 관점에서 접근을 하는 것이 좋다. 택지개발예정지구의 지정·고시가 있은 때에는 「공익사업을 위한 토지 등의 취득 및 보상에 관한 법률」 따른 사업인정 및 사업인정의 고시가 있은 것으로 보며, 재결의 신청은 실시계획에서 정하는 사업시행기간에 하여야 한다.

택지개발지구의 지정 및 고시 당시 이미 관계 법령에 따라 행위허가를 받았거나 허가를 받을 필요가 없는 행위에 관하여 공사 또는 사업에 착수한 자는 대통령령으로 정하는 바에 따라 특별자치도지사·시장·군수 또는 자치구의 구청장에게 신고한 후 이를 계속 시행할 수 있다. 이런 곳은 이후 택지개발 시행 시 해당 부지를 그대로 두고 진행을 할 것인지, 수용해서 바꿀 것인지 여러 가지 실시계획에 의해 변화가 있을 것이다.

　택지개발예정지구에서 공사 중인 건물이 경매에 나왔다면 이를 단순히 법정지상권의 성립유무만으로 봐서는 안 되고 계속 건축하겠다는 신고의 여부를 관계부서에 확인해야 한다. 신고가 없다면 건축을 계속 진행할 수 없다.

득이 될 수 있는 환매권

택지개발지구의 지정 해제 또는 변경, 실시계획의 승인 취소 또는 변경, 그 밖의 사유로 수용한 토지 등의 전부 또는 일부가 필요 없게 되었을 때에는 수용 당시의 토지 등의 소유자 또는 그 포괄승계인은 필요 없게 된 날부터 1년 이내에 토지 등의 수용 당시 받은 보상금에 보상금지급일부터 환매일까지의 법정이자를 가산하여 시행자에게 지급하고 이를 환매할 수 있다.

환매권이 진행되는 땅은 투자가치가 있다. 택지개발지구로 수용되어 수용금이 공탁되어 있는 상태에서 경매로 나온 해당 토지가 환매대상이라면 이를 낙찰 받은 포괄승계인이 환매권을 행사하는 것이다. 일반적으로 수용금이 공탁되어 있는 땅을 낙찰 받을 시 이중매매의 소지가 발생하여 이를 풀어나가는 데 매우 어려움이 있으나 환매권 대상이라면 틈새시장이 될 수 있다. 환매권 행사로 공탁된 수용금은 원사업자에게 반환되며 이를 취득한 낙찰자는 현 시세 가치의 차익이 발생하는 것이다.

이에 대해 관계부서에 해당 토지의 사업진행상황, 수용금 공탁 여부, 환매통지·공고 여부, 환매권 행사 기간 등을 면밀히 조사하여 입찰에 응해야 한다.

[왕교수가 알려주는 부자되는 100억 경매]

PART 07

도시정비사업

- 정비사업이란 무엇인가?
- 주거환경개선사업
- 공익적 성격이 강한 재개발사업
- 재건축사업
- 재개발 사업으로 전환
- 악성환권을 조심하라
- 미니 재개발이라 볼 수 있는 가로주택정비사업
- 재정비 촉진지구

정비사업이란 무엇인가?

도시의 생애주기는 도입기 → 성장기 → 안정기 → 쇠퇴기로 나뉘게 된다.

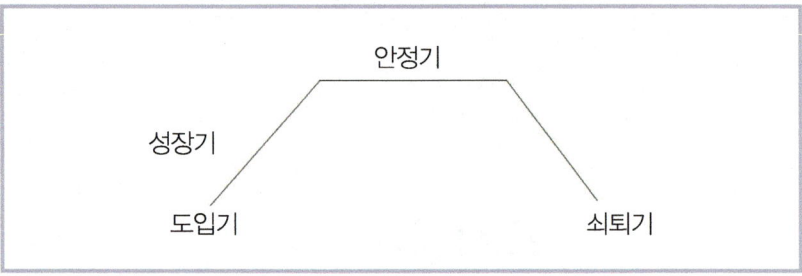

도시가 30년 이후의 시간이 흐르면 쇠퇴기로 접어드는데 이 때 노후 된 건물 탓에 주거환경도 낙후되고 슬럼화 되며 기반시설도 협소하여 제 기능을 못하는 경우가 많다. 내 집이 노후 되었다고 내 집만 고쳐서는 낙후된 도시 문제점의 근본적인 해결책이 아닌 것이다. 이에 국가는 도시 및 주거환경 정비법(도정법)에 따라 도시기능의 회복이 필요하거나 주거환경이 불량한 지역을 계획적으로 정비하고 노후·불량건축물을 효율적으로 개량하기 위하여 일정구역을 정비구역으로 지정하여 정비 사업을 진행하게 된다. 정비구역에서 시행하는 사업은 3가지로 구분되어 진다.

- 주거환경개선사업
- 재개발사업
- 재건축사업

이렇게 정비사업이 시행되고 있는 구역에서 경매 물건이 나왔다면 어떻게 접근해야 하는지 알아보자. 먼저 해당번지의 토지이용계획확인원을 발급해서 어떤 정비사업이 시행되고 있는지 파악한다.

주거환경개선사업

   주거환경개선사업이란 도시저소득 주민이 집단 거주하는 지역으로서 정비기반시설이 극히 열악하고 노후·불량건축물이 과도하게 밀집한 지역의 주거환경을 개선하거나 단독주택 및 다세대주택이 밀집한 지역에서 정비기반시설과 공동이용시설 확충을 통하여 주거환경을 보전·정비·개량하기 위한 사업을 말한다.

   이해를 돕기 위해 예를 들어 보자.
   1950~60년대 전쟁의 혼란을 겪으며 살 곳이 마땅치 않은 사람들이 구릉지 위에 옹기종기 모여 산다. 내 땅도 아닌데 판잣집을 짓고 살다 주인이 나타나면 쫓겨나거나 협의를 하여 판잣집 지은 만큼만 땅을 사게 된다. 이렇게 오밀조밀 가구가 형성되게 된다. 이곳은 전기, 수도, 가스 등 기반시설이 극히 열악하고 협소한 도로 탓에 분뇨수거차가 진입을 못해 말 그대로 똥지게를 지고 나르는 일이 발생하는 곳이다.

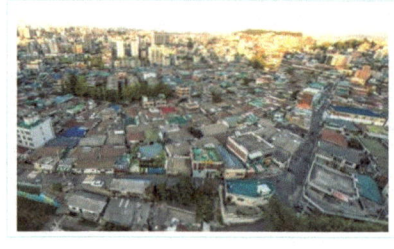 

사진 용마루 주거 환경 개선 사업 지구의 모습

극빈층이 거주하고 기반시설이 극히 열악하며 노후 불량 주택이 밀집하고 인구밀도가 높은 곳에서 주거환경을 개선하기 위해 시행하는 사업이 바로 주거환경개선사업이다.

이곳은 극빈층이 많은 관계로 조합을 형성하지 않고 공공사업을 펼쳐 구제하는 성격으로 시·군·구 공공부분(LH 등)이 시행한다. 토지이용계획서에 주거환경개선사업이 표기되어 있다면 이는 가장 먼저 사업의 시행방식을 살펴봐야 한다.

사업시행은 4가지로 구분하는데 수용 철거 후 공급방식, 기반시설은 공공부분에서 개선하고 그 외 주택은 스스로 고치는 방식, 환권, 환지방식이다.

수용철거 후 공급방식

수용철거 후 공급방식이라면 입찰 전에 반드시 내가 공급대상자 적격에 맞는 지 확인해야 한다. 철거 후 새로운 아파트에 입주할 수 있는 철거민 입주권은 모든 소유자와 거주자에게 공급되는 것이 아니라 무주택 세대주 등 해당 적격에 맞는 소유자와 거주자에게 주어지기 때문이다.

한 예를 들어보자.

토지이용계획확인서에 주거환경개선사업이 적힌 토지와 건물을 경매로 낙찰 받은 김씨.

1억 4,000만원의 감정가에 9,000만원으로 낙찰을 받았고 10여명이 넘는 입찰자에 2등과의 가격차이도 근소하여 뿌듯한 마음을 감출 수 없다. 입주권으로 공급받는 새로 짓는 22평 아파트는 2억 5,000만원까지 가격이 형성될 전망에 마음이 두근거린다.

이 후 구청에서 통지된 보상가격을 본 순간 김씨는 아연실색할 수밖에 없었다. 보상가격이 5,000만원이었기 때문이다. 이에 해당 구청 담당자를 찾아가 왜 경매 감정가는 1억 4,000만원인데 보상가격이 5,000만원인지 따져 물었고 담당자는 실제 구청에서 의뢰한 감정평가사가 평가한 금액이 5,000만원 이어서 책정된 금액이라는 대답을 한다. 김씨는 해당 경매사건 감정평가업체를 찾아가 5,000만원인 감정가를 어찌하여 1억 4,000만원으로 감정했는지를 따져 물었고 해당 감정평가사는 인근 거래내역사례가 1억 4,000만원 이어서 이를 반영했다고 한다. 김씨는 다시 인근 부동산 중개사무소를 찾아가 금액차이가 이렇게 나는 이유가 어찌된 연유인지를 물었고

돌아온 대답은 다음과 같다.

실제 시세는 5,000만원이 맞지만 프리미엄이 형성되어 1억 4,000만원까지 올랐다는 것이다. 해당 토지, 건물을 소유하여 철거민 입주권을 얻으면 새 아파트를 분양받을 수 있고 이 아파트의 시세를 생각했을 때 이득을 볼 차익이 프리미엄으로 가미된 것이다. 그렇다면 9,000만원에 낙찰 받은 김씨도 잘한 일이 아닐까? 애석하게도 그렇지 않다.

김씨는 철거민 입주권의 대상이 아니기 때문이다. 앞에서 언급한 대로 무주택자 등 공공부분에서 제시하는 철거민 입주권 대상 자격에 적격해야 입주권이 부여되는 것이지 소유자라고 무조건 부여되는 게 아니기 때문이다. 김씨는 입주권 대상이 아닌 청산대상

인 것이다. 청산금은 앞서 말한 대로 감정평가금액인 5,000만원이다. 1억 4,000만원 감정가에 9,000만원으로 낙찰 받아 5,000만원 싸게 샀다고 생각했는데 실제로는 4,000만원을 손해 본 것이다.

그럼 김씨와 근소한 금액 차이로 입찰했던 사람들은 왜 그랬을까? 김씨처럼 몰랐거나 철거민 입주권의 대상이 되는 적격자들이었을 것이다.

따라서 경매로 나온 곳이 주거환경개선사업이 시행되는 정비구역이면 먼저 사업시행방식을 알아본 후 수용철거 후 공급방식이라면 내가 공급 대상 적격자인지 정확히 살펴 입찰여부를 결정해야 한다.

자가주택 개량방식

자가주택 개량방식은 기반시설은 공공부분에서 개선하고 그 외 주택은 스스로 고치는 방식으로 현지방식 이라고도 한다. 이곳의 경매물건을 발견하면 일단 우수 투자처인 것을 염두해 두고, 기반시설을 개선하였을 때 수용 대상인지 아닌지 면밀히 살펴라.

수용대상이라면 수용금액보다 낮은 금액으로 낙찰 받아야 하며, 수용대상이 아니라면 기반시설의 개선에 따른 토지위치를 살핀 후

사진 괭이부리마을 주거환경개선사업 – 자가주택 개량방식사업

해당 구청 담당자를 찾아가서 자가주택 개량방식의 건폐율, 용적률이 얼마로 적용 되는지를 알아보아야 한다. 주거환경개선지역은 워낙 좁은 토지를 기반으로 오밀조밀 모여 사는 형태라서 기존 건폐율, 용적률을 적용할 경우 좁은 땅으로 인해 제대로 된 건축면적이 나오지 않는다. 이에 실제 개량사업 진행에 애로사항이 있으므로 특별히 건폐율, 용적률을 완화하여 원활한 개량이 이루어지도록 혜택을 부여하고 있다. 따라서 적용되는 건폐율과 용적률이 얼마인지 이로 인한 수혜 혜택을 계산하여 얼마에 입찰에 들어갈지를 분석해야 한다.

[PART 07 도시정비사업]

공익적 성격이 강한 재개발사업

재개발사업이란 정비기반시설이 열악하고 노후·불량건축물이 밀집한 지역에서 주거환경을 개선하기 위한 사업을 말한다.

예를 들어보자.

1960년대~1970년대 새마을 운동이 한창 붐이었을 때 일정 좁은 도로를 내고 그 주변으로 택지를 잘라서 분양(보통 40평)하여 이들이 주택을 지었는데 이후 40년 이상 시간이 지나고 보니 기존 도로와 주택이 노후 되어 밀집하게 된다. 밀집된 주택과 좁은 도로 탓에 밤마다 도로 한쪽은 주차장으로 길게 늘어서게 된다. 집들마다 도로에 차를 주차하고 다른 차들은 간신히 빠져나갈 정도의 여유만 나오는 그런 길이다. 또한 원활한 물 공급을 위해 상하수도를 개량하려 해도 도로를 파고 상하수도 관을 매설하는 동안 일대 도로가 전면 통제되는 상황이 벌어져 주민의 극심한 민원이 발생하여 이러지도 저러지도 못하는 상황이다. 노후된 단독주택이 밀집되어 있는 이 일대를 전면 밀어내고 도로를 넓게 만들고 상하수도를 확충하며 새로운 아파트를 지어 기존 소유주에게 공급하고 남은 세대는 분양하여 사업비에 충당하면 기존 소유주도 좋고 분양을 통해 주택공급에도 이바지하고 도시기능 회복에도 일조하는 것이다. 이렇게 공익적 성격을 띠고 기존 지역을 밀어내고 다시 개발하는 사업이 재개발사업이다.

최근 상업지역과 공업지역에서 진행하던 도시환경정비사업은 재개발사업으로 통합되었다.

[왕교수가 알려주는 부자되는 100억 경매]

사진 광명시 재개발사업 지역

사진 광명시 재개발사업 완료 조감도

[PART 07 도시정비사업]

 재건축사업

　재건축사업이란 정비기반시설은 양호하나 노후·불량건축물에 해당하는 공동주택이 밀집한 지역에서 주거환경을 개선하기 위한 사업이다.

　1970년대~1980년대로 접어들어 도시계획을 수립하여 주공아파트가 지어진다. 동서울개발계획 등으로 명칭되는 사업으로 지어지는 곳이라 기반시설이 좋다. 넓은 도로를 구획하여 5층짜리 주공아파트를 짓는 식으로 아파트 난방은 연탄을 연료로 사용했다. 지금도 내 기억에 남는데 대전에 살던 내가 서울에서 강의 일정이 잡히면 출판사에서 선생님들 숙소를 잠실에 있는 주공아파트로 정해주었다. 이 아파트가 연탄을 사용했는데 처음에는 따뜻했던 난방이 시간이 지나 연탄불이 꺼지며 냉방으로 변한 경험이 있다. 선생님들 중 어느 한 분이 때에 맞춰 연탄을 갈면 되는데 다들 남자들인 탓에 신경을 못 쓴 탓이다.

　이런 아파트들이 30년 이상 시간이 지나며 노후 되기 시작한다. 도로는 넓고 기반시설은 좋으나 건물이 매우 열악해지는 것이다. 이런 경우 아파트를 부수고 새로 높게 지으면 기존 아파트 소유자에게 1채씩 주고 남은 물량은 분양하는 방식으로 사업성도 갖추고 주택공급에도 이바지 하는 사업이 재건축사업이다.

　재개발사업과 재건축사업을 혼동하시는 분들이 있는데 재개발사업은 다 밀어내고 도로 등 기반시설을 확충하며 아파트를 짓는 공익적 성격이 강하고 재건축 사업은 기존 멀쩡한 기반시설은 그대로 두고 주택을 부수고 아파트를 짓는 사업이라 사익적 성격이 강하다. 재개발 사업은 아파트로 돌려받는 환권방식과 정비된 땅으로 돌려받는 환지 방식 둘 다 가능하지만 재건축사업은 환권방식만 가능한 점이 차이다.

사진　재건축사업 공사현장

재개발 사업으로 전환

과거 도시환경정비사업이란 상업지역·공업지역 등으로서 토지의 효율적 이용과 도심 또는 부도심 등 도시기능의 회복이나 상권 활성화 등이 필요한 지역에서 도시환경을 개선하기 위하여 시행하는 사업이다. 도시환경정비사업의 가장 쉬운 예로 서울 구로공단을 들 수 있다. 예전 낮은 건물들이 밀집하던 구로공단이 구로디지털단지로 변모하게 된 계기가 바로 도시환경정비사업인 것이다. 현재는 재개발 사업으로 통합되었다.

과거 도시환경정비사업의 특징은 소유자 단독으로도 사업시행이 가능하였으며 재개발 사업으로 통합 후에는 이러한 내용이 반영되었다.

재개발·재건축 사업은 조합설립이 의무사항이라 조합설립인가를 받아야 한다. 재개발 사업은 일반적으로 조합이 사업을 시행하지만 상업지역 공업지역에서 시행하는 재개발사업은 토지등 소유자도 사업시행이 가능하여 추진위원회와 조합을 구성할 필요가 없어 사업 속도가 신속하단 장점이 있다.

재개발 사업에 있어 조합이 사업을 시행하는 경우 앞에서 본 것처럼 조합설립인가일, 관리처분계획 인가일에 해당사항을 조사하면 되고, 토지 등 소유자가 사업시행을 하는 경우 기존 토지 소유자 또는 권리자와 어떠한 약정을 맺었는지 알아봐야 한다. 분양을 받기로 했다면 어떻게 받기로 했는지, 청산절차를 거친다면 청산금은 얼마인지, 받는 시기는 언제인지, 기존에 받아 간 청산금이 있는지 등을 조사해야 한다.

악성환권을 조심하라

정비사업을 시행하면 기존 소유주들은 청산 또는 환권을 받게 된다. 청산이란?

청산금을 받는다는 뜻이고 환권이란 물건으로 받는다는 의미이다. 주택 재개발·재건축인 경우 새로 짓는 아파트로 분양(환권)을 받기 때문에 환권의 위험성이 낮다. 동, 호수에 따라 약간의 차이가 있을 뿐 시세차이는 크지 않기 때문이다.

상업지역·공업지역에서 도시기능의 회복을 위해 시행하는 재개발사업의 환권은 신중을 기해야 한다. 악성환권이 많기 때문이다.

실제 도시환경정비사업의 환권으로 아파트형 공장을 분양받은 분과 얘기를 나누었는데 이 분의 말씀이 후회가 막심하다고 한다. 이럴 줄 알았다면 청산이 훨씬 나을 뻔 했다는 것이다. 이유를 물어보니 아파트형 공장이 임대가 안 되어 대부분 공실로 남아있는데 매월 수 백 만원의 관리비는 부과되니 답답한 노릇이라는 것이다. 지속되는 공실에 임대료 없이 임차인이 관리비만 내는 조건으로 임대를 놓았지만 높은 관리비 부담에 임차인이 구해지지 않아 이마저도 관리비 1/3을 임대인이 부담하는 조건으로 바꿔 내놓았다는 것이다.

이처럼 과거 도시환경정비사업이 지금의 재개발 사업으로 통합되어 환권으로 진행되는 형태는 현재 상태만 보지 말고 장래 건물이 완공된 후 이 곳을 임대 내놓았을 때 과연 잘 나갈지를 생각해야 한다. 임차인이 잘 구해질지, 임차인의 수익성이 좋아 임대료를 잘

낼 수 있을지 등 시장성을 파악해야 한다는 뜻이다. 이런 조건이 맞지 않다면 아무리 입지가 좋은 곳이여도 악성환건일 가능성이 높음을 유의해야 한다.

[PART 07 도시정비사업]

미니 재개발이라 볼 수 있는 가로주택정비사업

　가로주택정비사업이란 노후·불량건축물이 밀집한 가로구역에서 종전의 가로를 유지하면서 소규모로 주거환경을 개선하기 위하여 시행하는 사업이다. 정비구역 안에 산발적으로 지분 쪼개기가 이루어진 경우 조합원 수 증가로 인한 원활한 사업진행이 어렵다. 이런 지역 안에 사업성이 좋은 지역이 포함되어 있는 경우 종전의 가로(도로)를 유지하면서 소규모로 진행하는 일종의 미니 재건축이라고 보면 된다.

> 가로주택정비사업의 지정요건
> - 노후불량건축물 수가 전체 건축물 수의 3분의 2 이상
> - 구역 내 기존 단독 및 공동주택 세대수의 합이 20 이상 정비구역
> - 도시계획도로로 둘러싸인 1만 제곱미터 이하 구역

　경매시장에 가로주택정비사업지역이 등장한 경우는 거의 없다. 하지만 향후 몇 년 안에 지정 계획들이 있는 도시들이 있으니 곧 경매시장에 나오는 물건들이 생길 것이다. 주거환경개선사업과 함께 좋은 투자처가 될 것이다.

사진 　가로주택정비사업 조감도

 재정비 촉진지구

앞에서 말한 정비사업과 비슷한 유형으로 재정비 촉진지구가 있다.
도시의 낙후된 지역에 대한 주거환경개선과 기반시설의 확충 및 도시기능의 회복을 광역적으로 계획하고 체계적이고 효율적으로 추진하기 위하여 「도시재정비 촉진을 위한 특별법」에 의하여 지정·고시된 지구이다.

재정비촉진지구는 낙후된 기존 구시가지의 재개발 등 각종 정비사업을 좀 더 광역적으로 계획하여 효율적으로 개발할 수 있는 체계를 확립하고 도시기반 시설을 획기적으로 개선함으로써 기존도시에서의 주택공급 확대와 함께 도시의 균형발전을 도모하고자 도입된 제도이다.

재정비촉진지구는 도시·군기본계획과 도시·주거환경정비기본계획을 고려하여 다음의 어느 하나 이상에 해당하는 경우에 지정한다.

① 노후·불량주택과 건축물이 밀집한 지역으로서 주로 주거환경의 개선과 기반시설의 정비가 필요한 경우
② 상업지역·공업지역 등으로서 토지의 효율적 이용과 도심 또는 부도심 등의 도시기능의 회복이 필요한 경우
③ 주요 역세권, 간선도로의 교차지 등 양호한 기반시설을 갖추고 있어 대중교통 이용이 용이한 지역으로서 도심 내 소형주택의 공급 확대, 토지의 고도이용과 건축물의 복합개발이 필요한 경우

④ 주거환경개선사업·주택재개발사업·주택재건축사업, 도시개발사업, 시장정비사업, 도시·군계획시설사업을 체계적·계획적으로 개발할 필요가 있는 경우

⑤ 국가 또는 지방자치단체의 계획에 따라 이전되는 대규모 시설의 기존 부지를 포함한 지역으로서 도시 기능의 재정비가 필요한 경우

경매물건의 토지이용계획확인서에 재정비촉진지구라는 말이 표기되어 있으면 이는 해당 물건주소의 진행사업이 무엇인지 정확히 알아봐야 한다. 재개발·재건축 등 앞에서 배운 3가지 정비사업 중에 하나인지, 도로·공원 등 도시계획시설인지, 도시개발구역인지, 존치 지역인지 등을 주도면밀하게 알아봐야 한다.

PART

08

재개발 재건축 경매 함정 탈출하기

- ••• 입찰 전 이것을 꼭 확인하라
- ••• 조합원의 지위를 확인하라
- ••• 청산날짜를 확인하라
- ••• 구상금액이 있는지 파악하라

[왕교수가 알려주는 부자되는 100억 경매]

입찰 전 이것을 꼭 확인하라

경매물건 토지이용계획확인서에 재개발 또는 재건축구역이 표기되어 있다면 먼저 투자가치가 있는지 살펴야 한다.

예를 들어 같은 지역에 있는 2구역과 5구역의 비슷한 연립주택 물건이 경매로 나왔는데 2구역은 대지지분 60㎡, 전용면적 85㎡, 3억원의 감정가 대비 1억 5,000만원이고 5구역은 대지지분 40㎡ 전용면적 65㎡ 2억 5,000만원의 감정가 대비 1억 5,000만원까지 떨어져 있다면 당신은 어떤 물건에 입찰하겠는가?

둘 다 1억 5,000만원까지 떨어진 상태이니 대지지분도 넓고 감정가도 높은 2구역 물건을 선택하겠는가?

그렇다면 당신은 입찰보증금을 날릴 확률이 높다. 대지지분이 넓은 물건을 보는 것은 맞지만 간과한 사실이 있다. 바로 조합원 수이다.

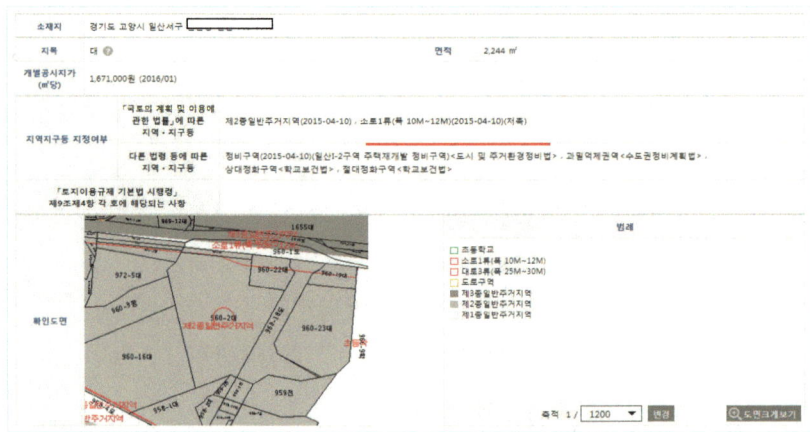

사진 14 토지이용계획확인서에 적힌 주택재개발 정비구역

156

낙찰 받은 후 알고 보니 2구역은 연립주택 40개동(1개동에 8세대)에 단독주택 10채가 있는 구역이고 5구역은 연립주택 1동(8세대)에 단독주택이 50채가 있는 구역이었다. 2구역의 조합은 330명, 5구역의 조합원은 58명인 것이다. 해당구역에 건립되는 아파트 세대수는 같았기에 이런 경우에는 5구역을 선택해야 한다.

대지 지분의 면적도 중요하지만 이처럼 해당 구역 내 다세대·연립주택이 많은지 적은지를 봐야 한다. 적다면 다행이지만 많다면 위험하다. 또한 해당지역의 등기부를 살펴봐서 고령자가 많은지, 고령자가 보유하고 있는 주택이 상가주택인지 살펴야 한다. 고령자분들은 상가주택의 3층에 거주하며 1, 2층을 임대를 놓는 식으로 월세 수입을 받으며 사는 경우가 많다. 이분들은 현 상태가 유지되길 바라는 분으로 이분들이 많이 거주하는 해당구역은 재개발·재건축이 원활히 추진되기 어렵다.

세입자가 많은지도 알아봐야 할 필수 항목이다. 세입자가 많을수록 해당 구역은 사업진행이 어렵다. 세입자가 나가길 거부하는 경우도 많고 이들은 이주시키기 위한 이주비 문제로 조합의 부담이 가중된다. 내가 이 지역에 살면서 정비사업의 시행여부를 기다리는 실거주자라면 모를까 단기적으로 수익을 추구하는 투자자라면 지지부진한 시행속도에 진이 빠질 것이다.

정비구역에 적용되는 규제를 살펴라

재개발·재건축 정비구역인 경우 현재 상황만 보지 말고 재개발·재건축 후 적용되는 규제들을 살펴봐야 한다. 가로구역높이제한, 경관지구, 문화재 보호구역, 비행안전구역, 고도지구라는 말이 적혀 있다면 신중해져야 한다.

가로구역높이제한이란 도로로 둘러싸인 일단의 가로구역의 높이를 제한한다는 뜻이다. 실제 서울의 ○○아파트의 경우 바로 뒤 북쪽방향으로 간선도로가 지나는데 이 아파트는 간선도로의 안전을 위하여 가로구역높이제한을 적용받고 있다. 도로의 안전과 아파트의 높이가 무슨 상관관계인가 의문이 드는가?

높이제한이 없다면 이 오래된 아파트는 재건축을 통해 건물의 용적률을 최대한 활용하여 높이 지을 것이다. 겨울철 눈이 쌓이는 경우 높은 건물로 인해 간선도로에 그늘이 생겨 이 구간은 눈이 녹지 못하고 얼어 빙판길이 된다. 햇볕에 눈이 다 녹았음을 이유로 차들이 속도를 내어 달리는데 갑자기 나타난 빙판길 구간으로 인해 안전에 심각한 위험을 초래할 수 있다. 이런 이유로 일단의 구역에 높이제한을 하여 도로에 그늘이 생기지 않게 하는 것이다. 건물을 높이 짓지 못하니 당연히 사업성이 떨어진다.

경관지구도 마찬가지다. 멋진 산 아래 있는 지역이 정비구역으로 지정되었는데 이곳이 경관지구라면 이 또한 고도제한이 적용된다. 대표적인 경우가 관악산이 있는 과천이다. 관악산 바로 아래에 있는 지역은 높은 건물로 인해 산의 경관을 가로막는 것을 막기 위해 경관지구로 지정하여 고도를 제한하는 것이다. 이런 지구의 정비구역 물건은 사업성이 떨어지므로 입찰에 신중해야 한다.

  문화재보호구역도 신중해야 한다. 수백 ~ 수 천년 전에 지어진 목조 문화재가 지금도 건재한 이유는 일조량, 통풍량을 계산하여 건축함으로써 목재가 썩지 않고 유지되기 때문이다. 이런 곳에 높은 건물이 지어질 경우 적정 햇볕과 바람을 막아 문화재 건축물이 습기가 생겨 목재가 썩고 뒤틀리는 현상이 발생하게 된다. 그래서 이런 곳은 문화재 보호구역으로 지정하여 일정 고도 이하로 건물의 높이 제한을 한다.

  이번엔 비행안전구역을 살펴보자.
  비행안전구역은 1구역 ~ 6구역까지인데 이중 2, 4구역 조심, 5, 6구역은 문제발생 소지 여지 있음, 3구역은 무난하다. 일반적인 공법의 행위제한은 1종이 강하고 2, 3, 4..뒤로 갈수록 완화되는 경우가 많은데 비행안전구역은 군사 작전용어라서 일반적인 배열과 약간 다르다.
  그림을 보자.

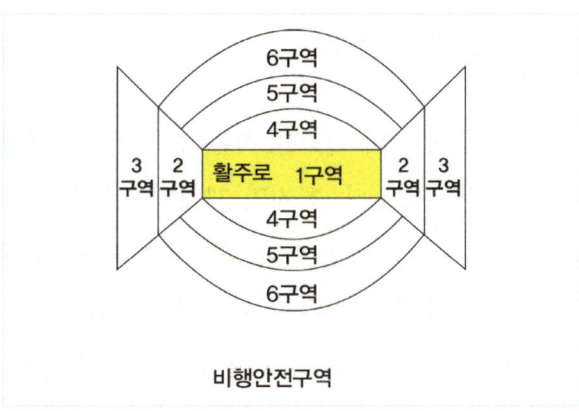

비행안전구역

비행안전구역은 그림과 같이 활주로를 1구역으로 해서 6구역까지 지정되어 있다.

나의 토지가 1구역으로 지정될 가능성은 없다. 활주로로 이용하기 위해 국방부에서 전면 매입하기 때문이다. 문제는 나의 토지가 활주로 옆의 2구역, 4구역인 경우다.

생각해 보라.

비행기가 활주로에 착륙을 하기 위해서는 고도를 낮추어야 한다. 또한 활주로에서 이륙한 비행기는 서서히 고도를 높이는데 이처럼 활주로 옆에 붙어있는 2, 4구역은 고도제한을 극심히 받는 지역이다. 3구역은 무난한 지역이다. 물론 여기도 고도제한은 있지만 제2롯데월드처럼 초고층 빌딩을 짓는 것이 아니라면 재개발·재건축으로 건축되는 아파트정도의 높이는 걱정할 필요가 없다는 것이다.

5, 6구역은 비행기가 착륙을 위하여 선회하는 구간이다. 도로의 주행방향이 정해져 있듯 활주로 방향도 정해져 있는데 만약 반대방향에서 오는 비행기가 착륙을 하려면 노선을 돌아 착륙지점으로 와야 한다. 이 구간이 5, 6구역인 것이다. 착륙을 위해 선회하는 비행기는 고도가 높지 않음으로 이 비행기의 안전을 위해 5, 6구역은 고도제한의 영향을 받는 것이다.

단독주택, 2~3층 정도의 건축을 하는 경우라면 비행안전구역이 몇 구역이든 문제되진 않는다. 하지만 재개발·재건축인 경우 기존 낮은 건물들을 부수고 새로 높은 아파트를 짓는 형태라 비행안전구역에 따라 사업성 여부가 판가름 된다. 따라서 재개발·재건축의 물건을 본다면 이 지역의 비행안전구역이 몇 구역인지 꼭 파악해야 한다.

[**PART 08** 재개발 재건축 경매 함정 탈출하기]

 ## 조합원의 지위를 확인하라

　재개발·재건축 과정은 기본계획수립을 시작으로 정비구역 지정(정비계획수립) → 조합설립인가 → 사업시행인가 → 분양통지 → 분양신청(종료) → 관리처분계획 수립 → 철거 → 사용승인 → 입주로 일련의 과정을 거치게 된다.

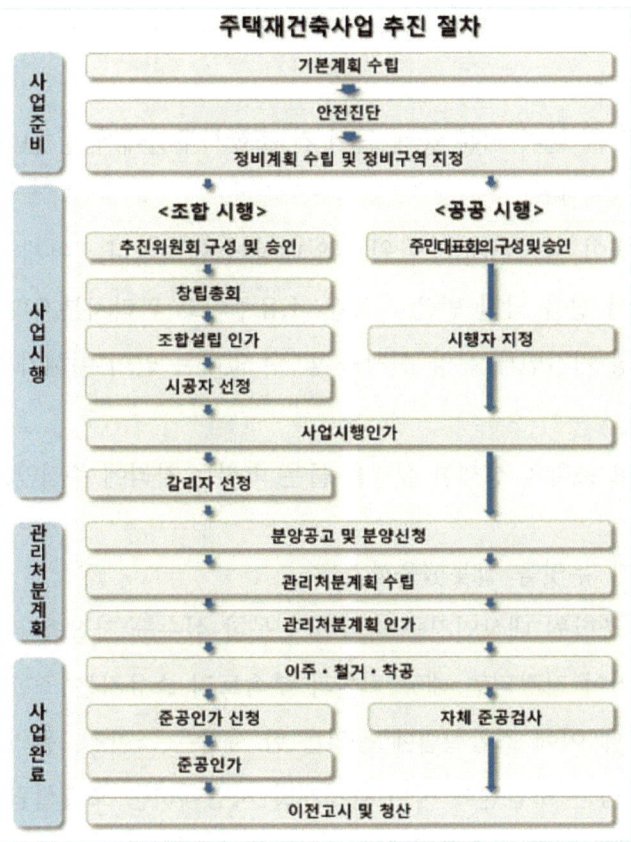

사진 15 주택재건축사업

자, 여기서 사례를 들어 생각해 보자.

서울의 재건축 정비구역의 다세대건물 201호가 경매로 나왔다. 아직 관리처분계획 전으로 분양신청이 종료되기 전이다. 주위에 물어보니 이 물건을 낙찰 받으면 새로 짓는 30평 아파트를 분양받을 수 있다고 한다. 이 아파트 입주권은 벌써 프리미엄이 붙어 가격이 높게 형성되어 있다. 입주권이 이미 높은 가격이 형성되었으므로 경매 감정가 보다 좀 높여 써도 손해 볼 일이 없는 것 같다. 박씨의 예상은 적중했고 6명 입찰에 2등과 근소한 가격차이로 낙찰을 받고 환호를 지른다. 서둘러 잔금납부를 하고 조합사무실에 분양신청을 하러 간다.

휘파람을 불며 기분 좋게 들어 간 조합사무실에서 청천벽력 같은 소리를 듣는다.

조합원이 아니어서 조합원 분양대상이 아니라니... 이게 무슨 소린가? 이 집을 낙찰 받은 새로운 소유주이고 관리처분계획 전이라 분양신청 기간인데 분양 신청을 할 수 없다는 말이 이해가 되지 않는다.

이윽고 조합의 상세한 설명을 들은 박씨는 자리에 주저앉고 만다.

박씨가 무엇을 잘못했을까?

바로 조합원 대상인지를 파악하지 못한 실수를 저질렀다. 재건축 정비구역이 지정되면 해당 건물과 부속토지 소유자는 조합원이 될 수 있는데 이에 조합설립에 동의를 한 사람은 조합원, 동의를 하지 않은 사람은 조합원이 아니다(재개발 사업에서는 조합설립 반대자도 조합원이 됨에 유의하라). 사업시행인가를 거쳐 분양통지가 되면 이 조합원 중에 분양신청을 한 사람과 하지 않는 사람으로 나뉘게 되는데, 분양신청을 하면 완공 후에 아파트로 분양을 받는다는 뜻이고 분양신청을 하지 않는 사람은 청산절차를 거쳐 청산금으로 받는다는 의미이다. 또한 애초에 조합설립에 동의를 하지 않은 사람은 조합원이 아니므로 청산절차만이 기다리고 있다.

이 경매물건의 해당 201호 전(前)소유주는 조합설립에 동의를 하지 않았다. 집이 경매로 넘어가고 채권자에게 쫓기는 마당에 조합설립에 동의하고 말고의 심적 여유가 없는 것이다. 201호를 낙찰받은 박씨는 전소유자의 지위를 승계하므로 조합원이 될 수 없는 것이다. 조합원이 아니기에 분양신청 자격이 없고 현금청산 대상일 뿐이다. 또한 현금청산의 기준은 조합설립인가일로 현재 경매 진행된 감정가보다 낮다는 것이다.

투기과열지구도 조합원 자격여부를 유의해서 볼 사항이다. 투기과열지구로 지정된 지역안에서의 주택재건축사업의 경우 조합설립인가 후 당해 정비사업의 건축물 또는 토지를 양수한 자는 조합원이 될 수 없다(도시 및 주거환경정비법 제19조2항). 전국적으로 투기과열지구가 해제된 지금, 조합설립인가 후 양수해도 조합원이 될 수 있다고 섣부른 판단을 해서는 안 된다. 조합마다 규정이 다르기 때문이다. 공익적 성격이 강한 재개발에 비해 사익적 성격이 강한 재건축은 일반 분양을 통한 수익의 극대화를 위해 조합설립인가 후에는 조합원을 받아들이지 않는 경우가 많다.

따라서 재건축지역의 물건이 경매로 나오면 괜히 주위사람에게 물어 잘못된 정보 얻지 말고 입찰 전에 해당 재건축 조합을 찾아가서 조합원 여부, 분양신청 여부, 청산금액 등을 정확히 알아봐야 한다. 재건축인 경우 조합설립에 동의한 건물과 부속토지 소유자만 조합원이 된다. 조합설립에 동의하지 않은 자, 토지만 소유자, 건물만 소유자는 조합원이 될 수 없고 현금청산 대상이다.

재개발인 경우 토지소유자, 건축물 소유자 모두 조합원이 될 수 있는데 조합설립에 동의하지 않았다 하더라도 관리처분계획인가 전이라면 분양신청을 할 수 있다. 공익적 성격이 강한 재개발은 동의하지 않은 조합원도 조합원으로 인정하기 때문이다. 하지만 관리처분계획인가일이 도과했다면 분양신청하지 않는 조합원은 청산대상이다.

결론적으로 재건축인 경우 조합설립인가일을 기준으로 조합원 자격이 있는지 분양신청을 했는지 여부를 살피고, 재개발인 경우 관리처분계획인가일을 기준으로 분양신청을 했는지를 따져봐야 한다. 조합설립 종료일, 분양신청 종료일이 언제인지 파악하여 낙찰 후 나의 잔금납부를 서둘러 이들의 신청여부를 놓치는 일이 없어야 한다. 잔금일자 기한까지 느긋하게 기다릴 것이 아니라 긴급히 돌아가는 날짜 상황을 직시하여야 하여 신속히 잔금납부하고 사업 진행 기한 안에 신청할 것은 해야 한다. 경매절차 뿐 아니라 정비법 절차도 꿰뚫고 있어야 낭패 보는 일이 없을 것이다.

청산날짜를 확인하라

　조합원 자격이 없거나 분양신청을 하지 않은 자는 청산대상이 되는데 이에 심각하게 고려해 볼 날짜가 있다.
　바로 청산날짜이다.
　법에서 분양대상에서 제외된 자에 대해서 관리처분계획인가를 받은 날의 다음 날로부터 90일 이내에 현금으로 청산하도록 규정하고 있다.(도시 및 주거환경정비법 제47조)

> 조합설립인가 → 사업시행인가 → 분양통지 → 분양신청(종료) →
> **관리처분계획인가** → 철거 → 사용승인 → 입주

　관리처분계획인가일의 다음날로부터 90일 이내에 해당조합의 지정한 청산일이 2017년 3월 10일 이라고 하자. 조합은 저당권, 가압류 등 경매가 진행될 정도의 복잡한 등기부인 경우 해당 청산금을 공탁하는 경우가 많다. 이 공탁금에서 저당권자 등 채권자들이 해당 금액을 수령하는 것이다.
　이 물건을 낙찰 받은 내가 잔금납부를 2017년 3월 12일에 했다면 어떤 일이 벌어질까?
　잔금납부와 동시에 소유권이전등기를 청구하자 등기소는 이를 각하한다. 이유는 조합에서 3월 10일 청산금을 공탁하고 조합이름 앞으로 소유권이전등기를 접수시켰기 때문에 이보다 늦은 3월 12일에 접수된 낙찰자의 등기는 중복등기로 각하되는 것이다. 낙찰 받

고 잔금은 납부했지만 등기부 소유권은 먼저 접수한 조합으로 명의 변경 되는 것이다. 이에 법원에 매각결정취소를 주장하여 낙찰대금 반환을 요청한다 해도 승산이 없다. 매각결정 절차상의 하자가 없었기에 매각결정은 유효하며 이에 매각대금은 배당으로 귀결될 것이라는 말을 들을 뿐이다. 방법은 배당금을 수령해 간 채권자들을 상대로 부당이득금반환 청구소송을 제기하는 것인데 이 또한 쉬운 일이 아니다. 조합의 청산금에서 이미 채권을 회수한 채권자가 경매 배당에서 중복으로 수령해 가는 것이 아닌 청산금에서 자기 채권을 회수하지 못한 잔여 채권자들이 배당을 받아가며 이 들의 수가 한 둘이 아니므로 일일이 반환청구소송으로 응대를 해야 하는데 결코 녹록치 않은 일이다. 설사 배당액이 남았다고 해도 낙찰자인 나에게 돌아오는 게 아닌 전 소유자에게 귀속됨을 잘 알 것이다. 이 또한 전소유자를 상대로 부당이득금 반환 청구소송을 해야 한다.

잔금은 납부했는데 소유자는 조합이고 낙찰자는 전액을 날릴 처지가 되는 것이다.

실제 이런 사례가 있었다.

따라서 해당 물건이 청산대상이라면 청산날짜가 언제인지 조합에 문의를 하여야 한다. 반드시 청산날짜보다 먼저 잔금납부를 해야 하는 것이다.

[PART 08 재개발 재건축 경매 함정 탈출하기]

구상금액이 있는지 파악하라

다세대 주택 201호 건물이 관리처분계획인가 후 철거 된 상태에서 토지가 경매 물건으로 나왔다. 지분의 형태로 나온 곳이다. 알아보니 이 지분이면 아파트 32평을 분양받는다고 주위에서 들었고 입주권 시세는 프리미엄이 형성되어 4억에 달한다고 한다. 이에 3억 6,000만원으로 경매 낙찰을 받은 김씨는 하늘을 날아갈 듯하다.

입주권 시세보다 4,000만원이나 저렴하게 낙찰 받았기 때문이다. 시간이 흘러 사용승인이 나고 입주를 하게 되었다. 그러던 어느 날 조합으로부터 김씨에게 1억원을 변제하라는 구성권이 청구된다. 무슨 말인지 이해가 되지 않은 김씨는 조합을 찾아가 따지기 시작한다. 의기양양하게 조합 사무실에 들어가던 모습과는 달리 어깨가 축 늘어진 채 사무실을 나온다. 무슨 일일까?

전에 김씨가 낙찰을 받을 당시 건물이 철거 된 후 토지의 형태만 남아있었다. 그렇다면 이보다 시기를 좀 더 거슬러 올라가보자. 조합설립인가 후 사업시행인가를 거쳐 분양 신청 등이 한창 활발할 당시 이 201호에는 임차인이 살고 있었다. 소유주가 채권자들에 쫓겨 다니는 처지에 임차인은 보증금 1억을 되돌려 받을 길이 없었다. 재건축사업이 진행되지만 이사를 갈 수가 없다. 보증금도 못 받았는데 어떻게 나가느냐 말이다. 이런 경우 법에서는 원활한 정비사업 진행을 위해 조합이 임차인의 보증금을 대신 변제해 주고 이를 소유주에게 구상하도록 하고 있다. 201호 임차인은 조합으로부터 보증금 1억을 받고 이사를 가고 이렇게 건물은 철거가 된 것이다.

이를 모르는 김씨는 3억 6,000만원에 낙찰을 받았고 전소유자를 승계하는 김씨는

조합으로부터 1억원의 임차보증금 구상을 받은 것이다. 시세 4억원인 아파트를 4억 6,000만원에 산 꼴이 되었다.

따라서 건물이 철거 된 후 토지가 경매로 나왔을 때 먼저 조합에 물어봐야 한다.

철거시에 임차인에게 변제한 보증금이 있는지, 이주비가 있는지, 또 다른 비용이 있는지, 나중에 경매로 낙찰 받았을 시 구상조건이 되는지 등을 알아봐야 한다. 조합에 문의하면 자세히 알려준다. 해당 금액이 새로운 소유자에게 구상된다면 이 금액을 감안하여 더 낮은 금액에 낙찰 받아야 할 것이다.

또 한 가지, 추가 분담금을 얼마 더 내야 하는지도 알아봐야 한다.

분양받는 아파트는 같을 지라도 종전 건물가치에 따라 추가 분담금을 더 내야 하는경우가 발생한다. 이도 사전에 조합에 문의하여 부담하는 추가 분담금의 유무와 액수를 알아봐야 낙찰 받고 낭패 보는 일이 없을 것이다.

PART

09

수용예정지 찾는 법

- 나도 보상 한 번 받아보자
- 수용예정지임을 눈치 채자 1
- 수용예정지임을 눈치 채자 2
- 수용예정지임을 눈치 채자 3
- 수용예정지임을 눈치 채자 4
- 보상가 산정원칙
- 조기수용권 발동
- 실시계획은 언제인지
- 얼마 보상 나올까?
- 도시계획시설 투자기법
- 단계별 집행계획을 파악하라
- 가설건축물에 속지 마라
- 제대로 보상받는 법
- 감나무 밑에서 기다리자

나도 보상 한 번 받아보자

  누구는 수용으로 얼마를 보상 받았고 또 누구는 얼마를 받았네 … 하는 얘기를 한 번 쯤을 들어봤을 것이다. 어느 곳이 수용되며 어떻게 하면 보상을 받을 수 있을까?
  보통 사람들은 아는 사람을 통해 들은 부동산 정보로 움직이는 경우가 많다. 지인, 가족, 친척 등 이들에게 들은 정보를 믿고 움직인다. 하지만 이들도 전문가가 아닌 어디서 들은 경우가 많다. 이미 흘러흘러 내 귀까지 들어온 정보를 과연 특급정보라고 할 수 있을까?
  특급정보는 내가 찾아볼 수 있다. 인터넷의 발달로 모든 정보는 인터넷에 고시 된다. 어디서 주워들은 소식으로 움직이지 말고 내가 찾고 내가 확인하여 움직여 보길 바란다.

  공익사업을 하려면 해당 관련 법이 있다.
  경제자유구역은 경제자유구역의 지정 및 운영에 관한 특별법, 보금자리주택은 공공주택 특별법, 기업도시는 기업도시개발 특별법, 혁신도시는 공공기관 지방이전에 따른 혁신도시 건설 및 지원에 관한 특별법 등 많은 수용 관련 공익사업법에 의해 움직인다. 시행자가 사업시행 부지를 취득해야 하고 소유권자에게 보상을 해야 하는데 이는 「공익사업을 위한 토지 등의 취득 및 보상에 관한 법률」에 수용 또는 사용할 수 있고 수용 등의 대상이 되는 토지 등의 세부목록을 고시한 때에는 사업인정 및 사업인정의 고시가 있은 것으로 본다.

수용예정지임을 눈치 채자 1

 모든 사업시행은 선 계획, 후 개발이다. 계획을 세우고 그에 맞게 개발하는 것이다. 이런 계획은 공시가 되는데 이렇게 공시되는 계획에 맞는 장소를 검색해서 수용예정지를 보고 그 안에서 경매 나오는 물건들을 눈여겨봐야한다. 전체 경매 물건을 놓고 그 중에서 수용예정지를 찾으려면 그 많은 걸 언제 찾겠는가.

 보통 사람들은 뉴스, 인터넷, 신문으로 소식을 접하는 경우가 많은데 국가계획이 기사화 될 때 보면 너무 늦다. 너도나도 알고 있는 기사는 정보가 아니다. 그냥 소식일 뿐이다.

 해당 정보를 선점하는 자세가 필요한데 방법은 해당 주무관청의 홈페이지를 자주 보는 것이다. 주무부 장관들이 특별한 계획을 세우는 것이 해당 홈페이지에 고시가 되기 때문이다.

 □□도 △△시 ○○동 일원.. 이렇게 고시가 된다.

 경매물건 중 ○○동 일원 물건을 집중적으로 찾아보아라. 이렇게 찾은 ○○동 필지의 토지이용계획 확인원을 보아 관련 □□사업지구라고 표기되어 있다면 이것이 포인트이다.

 □□지구 〈△△법〉에 의해 지정되어 있으면 이는 수용여지가 있다. 해당 지구를 인터넷으로 검색해보면 기사화 된 글들이 보인다. 이를 참조하여 읽어보고 주무관청에 전화해서 해당 필지의 ○○지구에 대해 물어보아라. 담당자가 여기는 □□사업지구이며 ○○년도에 수용예정인데 아직 예산이 잡혔다 안잡혔다 등의 내용을 얘기한다. 이런 내용을 듣고 종합적으로 판단하여 해당 경매 물건에 입찰을 하는 것이다.

수용예정지임을 눈치 채자 2

먼저 해당필지의 토지이용계획확인원을 본다.

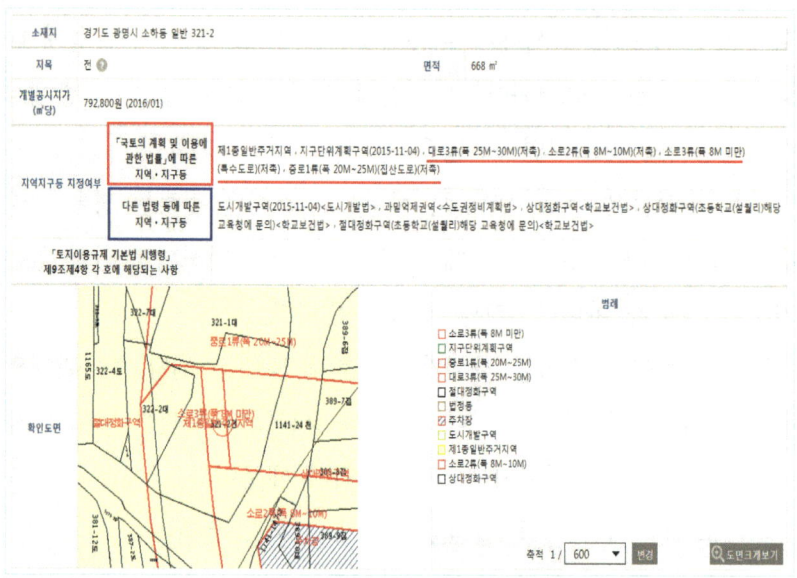

사진 16 국토계획법에 도로가 표시된 토지이용계획확인서)

　LURIS 토지이용규제정보시스템(luris.molit.go.kr)에서 해당 필지의 지번을 입력하여 발급받는 토지이용계획확인서를 보면 크게 국토의 계획 및 이용에 관한 법률(약칭 국토계획법)에 따른 지역·지구등과 다른 법령에 따른 지역·지구 등으로 구분된다. 먼저 국토계획법 란을 보면 해당필지의 용도지역, 용도지구, 용도구역이 표기되는데 이에 더불어 도로, 공원, 녹지 등이 표기되는 경우가 있다. 이들은 도시계획시설로 해당 부지가 수용예정지임을 의미한다.

녹지인 경우 용도지역의 녹지지역과 구분해야 한다. 용도지역의 녹지지역은 이처럼 '지역'이라는 말이 붙지만 그냥 녹지라고 적혀 있는 경우는 도시계획시설의 녹지임을 의미한다.

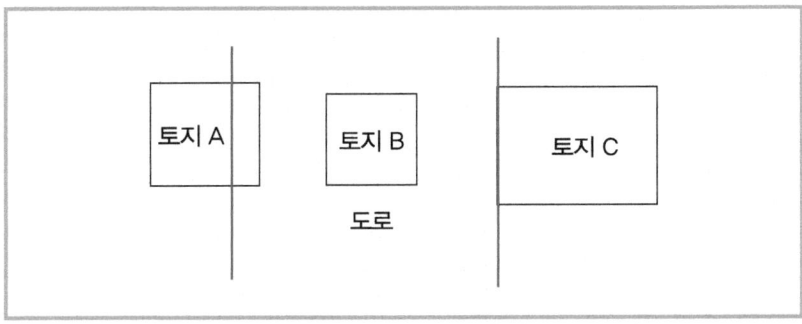

위와 같이 토지 A, B, C 위로 도시계획시설의 도로가 개설 예정이라고 보자.

일부 토지가 도로로 편입되는 토지 A는 저촉, 토지 전체가 도로로 편입되는 토지B는 전필, 도로에 편입되는 부분 없이 도로에 접하는 토지 C는 접합이라고 부른다.

도시계획으로 그 지역을 개발하면 인구가 집중됨으로 인해 사람들이 사용해야 할 시설들이 필요하게 된다. 이렇게 도시관리계획으로 지정된 시설을 도시계획시설이라 하며 이 시설이 들어설 부지가 도시계획시설부지인 것이다. 따라서 도시계획시설부지는 수용을 한다는 의미이다.

이번엔 토지이용계획확인서의 다른 법령 지역·지구 등을 보자. 이 란에는 해당 필지가 다른 법의 적용을 받고 있음을 표시하는

[왕교수가 알려주는 부자되는 100억 경매]

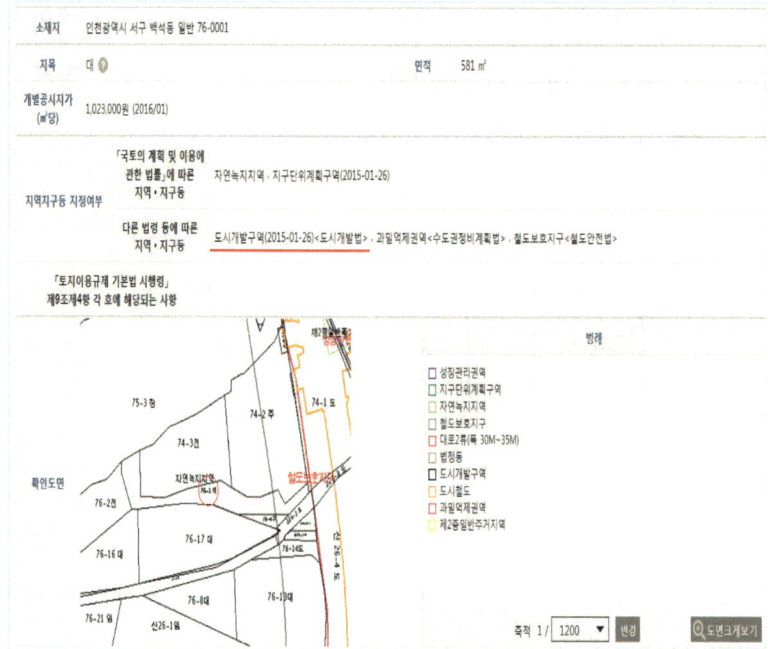

사진 17 도시개발구역이 표기된 토지이용계획확인서

데 국토계획법 란에 도시계획시설이 없음에도 다른 법령에 의해 수용 예정지임이 표기 되는 곳이다.

사진은 도시개발구역으로 지정된 지역인데 이는 공익사업일 경우 토지 등의 수용 또는 사용에 관하여 특별한 규정이 있는 경우 외에는 「공익사업을 위한 토지 등의 취득 및 보상에 관한 법률」을 준용하므로 (도시개발법 제22조) 수용대상이 될 수 있다.

따라서 해당 필지의 토지이용계획확인서의 해당 법들을 조사하여 「공익사업을 위한 토지 등의 취득 및 보상에 관한 법률」을 준용한다는 구절이 있으면 수용대상이 될 수 있고 이런 구절이 없다면 수용과는 거리가 먼 것이다.

> **공익사업을 위한 토지 등의 취득 및 보상에 관한 법률(약칭: 토지보상법)**
> **제19조(토지등의 수용 또는 사용)** ① 사업시행자는 공익사업의 수행을 위하여 필요하면 이 법에서 정하는 바에 따라 토지등을 수용하거나 사용할 수 있다.
> ② 공익사업에 수용되거나 사용되고 있는 토지등은 특별히 필요한 경우가 아니면 다른 공익사업을 위하여 수용하거나 사용할 수 없다.
> **제20조(사업인정)** ① 사업시행자는 제19조에 따라 토지등을 수용하거나 사용하려면 대통령령으로 정하는 바에 따라 국토교통부장관의 사업인정을 받아야 한다.

사업의 시행방식으로 수용·사용방식과 환지방식이 있다.

해당 사업이 공익사업이고 수용·사용방식이라면 이는 「공익사업을 위한 토지 등의 취득 및 보상에 관한 법률」에 의해 수용·보상하게 된다. 먼저 공익사업의 인정고시를 받게 되는데 이는 공익사업의 토지 등을 수용 또는 사용할 사업으로 결정하는을 말하며 이를 고시한 날짜가 '사업인정고시일'이다. 즉 (공익)사업을 인정하여 고시한 날 이라는 뜻이다.

사업인정고시일은 수용을 할 수 있는 날로써 각종 해당요건 판정 기준일이 되므로 매우 중요하다. 이 기준일로 연도별 비교표준지, 부재지주, 환매기간, 무허가건축물에서의 영업보상, 자가주택 거주자에 대한 주거이전비, 대토 보상시 과세이연, 공장이연 등을 평가한다.

주의 ⓘ
공익사업의 인정고시

보상금 산정 시 보상금이 지급되는 해의 공시지가로 산정하는 것이 아닌 수용권이 있었던 과거의 사업인정고시일 그 해의 표준지 공시지가로 보상금을 산정한다.

수용예정지임을 눈치 채자 3

이번에는 개발행위허가제한지역이다.

개발행위허가제한지역이란 도시관리계획 상 공익을 위해 필요한 경우 개발행위에 대한 허가를 일정기간 제한하는 지역을 말한다.

개발행위허가 제한지역을 지정하는 경우는 다음과 같다.

1. 녹지지역 또는 계획관리지역으로서 수목이 집단적으로 생육되고 있거나 조수류 등이 집단적으로 서식하고 있는 지역 또는 우량농지 등으로 보전할 필요가 있는 지역
2. 개발행위로 인하여 주변의 환경·경관·미관·문화재 등이 크게 오염되거나 손상될 우려가 있는 지역
3. 도시기본계획 또는 도시관리계획을 수립하고 있는 지역으로서 당해 도시기본계획 또는 도시관리계획이 결정될 경우 용도지역·용도지구 또는 용도구역의 변경이 예상되고 그에 따라 개발행위허가의 기준이 크게 달라질 것으로 예상되는 지역
4. 지구단위계획구역으로 지정된 지역
5. 기반시설부담구역으로 지정된 지역

개발행위 제한구역의 지정을 통한 개발행위의 제한기간은 1회에 한하여 3년 이내이며, 제3호 내지 제5호에 해당하는 지역에 대하여는 1회에 한하여 2년 이내의 기간동안 연장할 수 있다. 또한, 개발행위허가제한지역을 지정할 때는 반드시 제한지역·제한사유·제한대상행위 및 제한기간을 미리 공고하여 일반이 알 수 있게 해야 한다.

개발행위허가에는

1. 건축물의 건축 또는 공작물의 설치
2. 토지의 형질변경(경작을 위한 토지의 형질변경 제외)
3. 토석의 채취
4. 토지분할(건축물이 있는 대지 제외)
5. 녹지지역·관리지역 또는 자연환경보전지역 안에 물건을 1월 이상 쌓아놓는 행위 등이 있는데 개발행위허가제한지역에서는 이런 개발행위허가가 제한된다.

앞서 본 바와 같이 개발행위허가제한지역을 지정하는 이유는 여러 가지가 있는데

공익적 사업을 추진하기 위해 미리 개발행위허가제한지역으로 지정하여 사개발을 제한하는 경우가 있다. 이는 해당지역 부동산 소유주들이 높은 보상금을 받기 위한 목적으로 개발행위 하는 것을 사전에 차단하여 사업비가 증가하는 것을 막을 목적이다. 경매물건의 토지이용계획확인서에 개발행위허가제한지역이 표기되어 있으면 수용 가능성을 생각해보아라.

해당 부서에 전화해서 □□동 ○○일원이 개발행위허가제한지역인 이유를 물어보면 담당자가 개발행위허가제한지역의 이유를 말해주는데 이게 바로 공개발이라면 해당 지자체 사이트에 제시된 공약사업, 숙원사업 등과 개발행위허가제한지역의 사유가 같은지 살펴보자. 같은 사업이라면 사업이 흐름을 타고 있다고 예상할 수 있다.

지정 목적의 고시문을 찾아 조사하고 수용목적이라면 언제 시행이 되는지, 보상금은 얼마인지에 대한 조사가 면밀히 이루어져야 한다.

[**PART 09** 수용예정지 찾는 법]

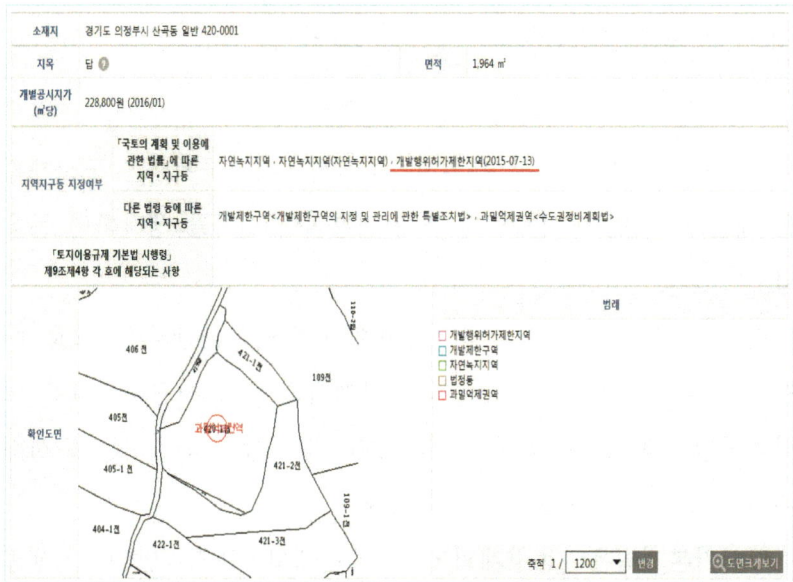

사진 18 개발행위허가제한지역이 표기된 토지이용계획확인서)

수용예정지임을 눈치 채자 4

　도시를 만들기 위해서 특별시·광역시·시·군에서는 도시계획을 세운다. 이런 도시계획에 대해 기본적인 절차를 생각하면 돈을 벌 수 있다.
　먼저 도시계획은 도시·군기본계획과 도시·군관리계획으로 나뉜다. 도시기본계획이 도시·군기본계획으로, 도시관리계획이 도시·군관리계획으로 명칭이 바뀌었다. 편의상 지면에서는 도시기본계획, 도시관리계획이라 칭하겠다.
　도시기본계획은 총량계획·인구배분계획·토지개발계획·생활권 배분계획 등을 세우는데 대한민국 인구가 정점을 찍고 있어 이제는 신규택지 개발이나 무리한 도시개발계획이 없어 특정지역의 땅값이 폭등하는 일은 드물다. 물론 개별필지가 특수 원인을 이유로 폭등 할 수는 있지만 그 지역 일대가 전체적으로 폭등하는 시기는 지났다는 말이다. 앞으로 정부는 대규모 택지개발사업을 하지 않고 수용예정지에 대해서도 보상금을 높게 주지 않으니 인접 토지 대토의 영향으로 땅값 상승이 연쇄 작용 일어나는 것도 거의 멈추었다.
　그렇다면 투자는 끝났는가? 그렇지 않다.
　지금은 새로운 투자시대이다.

　인구·토지·생활권 증가추세가 있으면 일부 도시가 개발되고 그 인구와 산업이 쓸 수 있는 기반시설을 만드는데 도시관리계획으로 결정 고시된 기반시설을 도시계획시설이라 한다.

이런 도시계획시설인 도로·공원·학교·주차장 등의 부지는 사업시행으로 수용이 되거나 장기적으로 미집행 되어 해제되는데 이 점이 투자 포인트이다.

도시관리계획을 살펴보면 우선 기초조사를 한다.

여기에 도로 만들면 어떨까, 공원 만들면 어떨까 하는 계획에 현장의 기초적인 조사를 하는 것이다. 이 과정이 끝나면 주민의 의견청취를 거치고 그 다음은 지방의회 의견청취를 거쳐 입안을 하여 관계장과 협의를 하고 도시위원회 심의를 거쳐 최종결정·고시를 한다.

해당 특·광·시·군 지자체 홈페이지 보면 이런 내용들이 의정활동 등의 이름으로 계속 고지가 된다. 대로 만들기 위한 기초조사, 그것을 위한 주민의견청취 언제 한다..지방의회 의견청취 언제 한다. 이런 내용들이 해당 홈페이지에 있다. 이런 내용들을 종합적으로 보고 도로 만들어 지겠다, 학교 만들어지겠다. 유추하는 것이다.

지구단위계획

토지이용계획확인서를 보면 지구단위계획이라고 표기되어 있는 경우가 있다. 해당 특·광·시·군에 전화하여 무슨 내용의 지구단위계획인지 물어보아라.

넓은 땅을 개발 시 난개발을 막기 위해 지구단위계획구역으로 설정하여 도로, 주차장 등 기반시설이 넓게 깔리고 지구단위 설계에 맞게 도시가 들어온다. 수용 예정지임을 힌트 주는 것이다. 지구단위계획구역은 설계된 대로 조성되므로 용도지역을 보고 토지를 판단하면 큰일이다. 입찰할 해당 필지에 계획된 시설이 무엇인지 파악하여 기반시설이 설치되는 곳이라면 사업인정고시일이 언제인지 보아 보상금이 얼마 책정될지 가늠하여 입찰가를 산정해야 한다.

🏠 보상가 산정원칙

공익사업을 위한 토지 등의 취득 및 보상에 관한 법률(약칭: 토지보상법)

제67조(보상액의 가격시점 등) ① 보상액의 산정은 협의에 의한 경우에는 협의 성립 당시의 가격을, 재결에 의한 경우에는 수용 또는 사용의 재결 당시의 가격을 기준으로 한다.
② 보상액을 산정할 경우에 해당 공익사업으로 인하여 토지등의 가격이 변동되었을 때에는 이를 고려하지 아니한다.

제70조(취득하는 토지의 보상) ① 협의나 재결에 의하여 취득하는 토지에 대하여는 「부동산 가격공시에 관한 법률」에 따른 공시지가를 기준으로 하여 보상하되, 그 공시기준일부터 가격시점까지의 관계 법령에 따른 그 토지의 이용계획, 해당 공익사업으로 인한 지가의 영향을 받지 아니하는 지역의 대통령령으로 정하는 지가변동률, 생산자물가상승률(「한국은행법」 제86조에 따라 한국은행이 조사·발표하는 생산자물가지수에 따라 산정된 비율을 말한다)과 그 밖에 그 토지의 위치·형상·환경·이용 상황 등을 고려하여 평가한 적정가격으로 보상하여야 한다.
② 토지에 대한 보상액은 가격시점에서의 현실적인 이용상황과 일반적인 이용방법에 의한 객관적 상황을 고려하여 산정하되, 일시적인 이용상황과 토지소유자나 관계인이 갖는 주관적 가치 및 특별

한 용도에 사용할 것을 전제로 한 경우 등은 고려하지 아니한다.

③ 사업인정 전 협의에 의한 취득의 경우에 제1항에 따른 공시지가는 해당 토지의 가격시점 당시 공시된 공시지가 중 가격시점과 가장 가까운 시점에 공시된 공시지가로 한다.

④ 사업인정 후의 취득의 경우에 제1항에 따른 공시지가는 사업인정고시일 전의 시점을 공시기준일로 하는 공시지가로서, 해당 토지에 관한 협의의 성립 또는 재결 당시 공시된 공시지가 중 그 사업인정고시일과 가장 가까운 시점에 공시된 공시지가로 한다.

⑤ 제3항 및 제4항에도 불구하고 공익사업의 계획 또는 시행이 공고되거나 고시됨으로 인하여 취득하여야 할 토지의 가격이 변동되었다고 인정되는 경우에는 제1항에 따른 공시지가는 해당 공고일 또는 고시일 전의 시점을 공시기준일로 하는 공시지가로서 그 토지의 가격시점 당시 공시된 공시지가 중 그 공익사업의 공고일 또는 고시일과 가장 가까운 시점에 공시된 공시지가로 한다.

⑥ 취득하는 토지와 이에 관한 소유권 외의 권리에 대한 구체적인 보상액 산정 및 평가방법은 투자비용, 예상수익 및 거래가격 등을 고려하여 국토교통부령으로 정한다.

공익사업을 위한 토지 등의 취득 및 보상에 관한 법률 시행규칙 (약칭: 토지보상법 시행규칙)

제22조(취득하는 토지의 평가) ① 취득하는 토지를 평가함에 있어서는 평가대상토지와 유사한 이용가치를 지닌다고 인정되는 하나 이상의 표준지의 공시지가를 기준으로 한다.

② 토지에 건축물등이 있는 때에는 그 건축물등이 없는 상태를 상정하여 토지를 평가한다.

③ 제1항에 따른 표준지는 특별한 사유가 있는 경우를 제외하고는 다음 각 호의 기준에 따른 토지로 한다.
1. 「국토의 계획 및 이용에 관한 법률」 제36조부터 제38조까지, 제38조의2 및 제39조부터 제42조까지에서 정한 용도지역, 용도지구, 용도구역 등 공법상 제한이 같거나 유사할 것
2. 평가대상 토지와 실제 이용상황이 같거나 유사할 것
3. 평가대상 토지와 주위 환경 등이 같거나 유사할 것
4. 평가대상 토지와 지리적으로 가까울 것

제23조(공법상 제한을 받는 토지의 평가) ① 공법상 제한을 받는 토지에 대하여는 제한받는 상태대로 평가한다. 다만, 그 공법상 제한이 당해 공익사업의 시행을 직접 목적으로 하여 가하여진 경우에는 제한이 없는 상태를 상정하여 평가한다.

② 당해 공익사업의 시행을 직접 목적으로 하여 용도지역 또는 용도지구 등이 변경된 토지에 대하여는 변경되기 전의 용도지역 또는 용도지구 등을 기준으로 평가한다.

조기수용권 발동

해당 사업진행은 인근 지가를 상승시키는 원인이 되는데 이는 공시지가가 상승을 가져와 높아진 보상금으로 인한 세금의 낭비를 초래한다. 결과적으로 해당 사업으로 인해 보상금이 남용되는 꼴을 가져오므로 조기수용권(사업인정고시)을 발동하여 보상금을 책정하게 된다.

보상대상 물건이 경매로 나왔을 때 보상가격 산정에 매우 주의하여야 한다. 경매 감정가격은 경매가 진행되는 해의 표준지 공시지가와 인근거래사례비교 내역 등을 감안하여 감정이 되는데 이 가격을 곧이곧대로 믿고 경매감정가로 보상될 것이라 생각하고 낙찰 받으면 큰 손해로 이어질 수 있다. 예를 들어 사업인정고시일이 2010이고 경매감정은 2017년에 되었다면 이 물건을 2017년에 낙찰 받아 내 소유가 되었어도 수용보상금을 책정할 시에는 내가 낙찰 받았을 때의 경매 감정가가 아닌 사업인정고시일이 있는 2010년 표준지공시지가로 감정을 한다. 당연히 보상가격이 낮을 수밖에 없지만 이에 부당함을 이유로 팔지 않겠다고 할 수도 없다. 수용이란 내 의사로 파는 게 아닌 강제로 팔리는 것(뺏기는 것)이기 때문이다.

따라서 경매감정가를 기준으로 낙찰을 받을 게 아닌 해당사업의 사업인정고시일이 언제인지 조사하여 보상금이 얼마 나올지를 판단하여 입찰에 임해야 한다.

표준지공시지가

국토교통부 장관이 전국의 개별토지 약 2,750만 필지 중 대표성이 있는 지가 50만 필지를 선정·조사하여 공시하는 것으로 매년 1월 1일을 기준으로 표준지의 단위면적당 가격(원/㎡)으로 표시하는 것으로 보상금 책정 시 기준이 되는 공시지가이다. 표준지공시지가는 개별공시지가의 산정기준이 된다.

개별공시지가

개별공시지가는 표준지공시지가를 기준으로 하여 시장, 군수, 구청장이 개별 필지의 지가를 산정한 가격으로 양도소득세·상속세·종합토지세·취득세·등록세 등 국세와 지방세는 물론 개발부담금·농지전용부담금 등을 산정하는 기초자료로 활용된다.

간단히 말하면 보상을 할 때는 표준지 공시지가로, 걷어 들일 때는 개별공시지가로 한다.

실시계획은 언제인지

사업시행방식에는 앞에서 말한 대로 수용권을 발동하여 전면적으로 수용하는 방식과 예산부족의 이유로 사업 시행의 선(先)후(後)를 정해 단계별로 집행하는 계획으로 나누어 볼 수 있다.

예를 들어 어느 지자체의 예산이 100억이 남아있는데 도로 10개 구간 건설계획을 구상중이며 이에 소요되는 비용이 500억이라면 이 때 사업시행의 선, 후를 정해 단계별로 집행 계획을 세운다.

이렇게 수립 된 단계별 집행 계획을 기준으로 사업의 시행자는 어떻게 시행할지 실시계획을 수립하게 된다. 이렇게 실시계획이 수립되면 이 시점의 표준지 공시지가가 보상의 기준이 된다. 이 실시계획은 어떻게 사업을 하겠다는 모든 것이 확정되었을 때 그 때 수용권을 발동하는 것으로 이 실시계획일을 사업인정고시일로 보아 보상가격이 책정된다는 것이다.

2013년에 감정된 경매물건이 있을 때 이 물건의 2013년 표준지 공시지가가 ㎡당 15,000원 이라고 하자. 해당구청에 이 물건의 실시계획일을 문의하자 2015년 ○월 ○일이라고 답변을 하였고 2015년 표준지 공시지가가 22,000원 이라면 이 물건의 보상금이 책정되는 기준은 실시계획연도인 2015년의 표준지공시지가인 ㎡ 22,000원 이 기준이 된다.

조기수용권과 실시계획(확정수용권)은 다르다.

```
사업구역의 지정 → 시행자 선정 → 실시계획
      ①              ②           ③
```

조기수용권은 사업구역이 지정된 시점이 사업인정고시일로 이 시점의 표준지공시지가를 기준으로 보상을 하여 전면수용을 하고, 단계별 집행계획은 실시계획일을 사업인정고시로 보아 실시계획이 있던 해의 표준지공시지가로 보상금이 책정된다.

여기서 수용권을 지칭함에 있어 조기, 확정이라는 표현을 쓰는데 이는 법문에 나와있는 표현이 아니라 독자의 이해를 돕기 위해 필자가 오랜 강의 노하우를 바탕으로 만들어 낸 표현방식이다. 수용권이 사업인정고시일을 기준으로 조기에 발생하는지, 사업이 확정된 다음에 발생하는지를 구분하는 것이다.

그렇다면 해당 필지의 사업이 조기수용권 대상인지, 확정수용권 대상인지 어떻게 구분하는지 알아보자.

먼저 해당 필지의 토지이용계획확인원을 발급하여 다른 법령에 따른 지역·지구 란을 보아 여기에 적힌 개별법에 '공익사업을 위한 토지 등의 취득 및 보상에 관한 법률(약칭: 토지보상법)'을 준용한다는 표현이 있으면 이는 사업인정고시일을 보상금 기준으로 본다는 뜻이다. 그렇다면 이 사업인정고시일에 바로 효력이 발생하는 조기수용권인지, 아니면 후에 설계 등이 나왔을 때 수립되는 실시계획이 확정된 시점을 사업인정고시일로 보아 수용권을 발생하는 확정수용권인지 해당부서에 확인해야 한다. 즉 사업인정고시일의 기준을 어느 시점에 두느냐는 해당 사업마다 다를 수 있으므로 이를 담당자에게 정확히 확인하라는 것이다.

만약 그 사업이 조기수용권이라면 수용·사용 세목고시가 되었는지, 되었다면 몇 년도 인지 반드시 확인하라. 수용·사용 세목고시가 2014년도라면 2014년도 표준지 공지시가를 찾는 것이다.

해당사업이 실시계획 인가시를 사업인정고시로 본다는 해당 부서 담당자의 확인을 받았다면 이 실시계획인가일이 몇 년도인지를 확인하고, 만약 실시계획인가가 아직 안 나왔다면 그 기간 동안 오른 표준지공시지가 만큼 보상금을 더 받을 가능성이 있다.

얼마 보상 나올까?

　정비 구역안의 단독주택이 경매로 나왔는데 이를 낙찰 받을 시 후에 얼마의 보상금을 받을지 궁금할 것이다.

　먼저 토지이용계획확인서를 발급받아 보니 도시 및 주거환경정비법의 주거환경개선사업이라고 표기되어 있다면 관할 부서에 문의하여 수용·사용방식과 자가주택개량방식 중 어떤 시행방식인지 알아보아라. 해당 사업이 수용·사용방식이라면 얼마의 보상금을 받을 수 있을지 정확히 파악해야 한다. 정비사업이 순서를 보면 지정된 정비사업 구역에서 조합을 형성하여 조합인가를 받은 후 사업시행계획을 수립하여 인가를 받게 되는데 사업시행계획인가를 받으면 이 사업시행계획인가 내용을 관보 등에 고시하는데 이것이 사업인정고시이며 이 시점의 당해 연도 표준지 공지시가가 보상가 산정의 기준이 된다.

　따라서 경매감정가를 무조건 신뢰해서는 안 된다. 경매감정가는 경매가 나온 그 시점을 기준으로 감정을 하였기에 실제 보상금을 책정하는 기준인 사업인정고시일과 시기적으로 맞지 않는 경우가 많다.

　잊지 말자!

　경매로 낙찰시 경매감정가로 보상되는 것이 아닌 해당 사업의 사업인정고시일을 기준으로 보상금이 책정된다. 경매감정가가 아무리 높아도 사업시행인가일이 있던 과거 해의 표준지 공지지가가 낮다면 낮은 금액으로 보상이 된다.

주택법을 잠깐 보자.

30호 세대 이상의 주택을 건설 시 주택법의 영향을 받게 되는데 아파트 건설을 예를 들어보자.

건설을 할 수 있는 자를 사업주체라고 하는데 이는 공공부문(국가, 지자체, LH 등)과 민간부분(삼성, 현대, 롯데 등)으로 나눌 수 있다. 사업시행에 있어 공공부분은 수용권이 있고 민간부분은 수용권이 없다. 해당 아파트 건설 사업계획을 시·도지사, 또는 일정 시·군·구청장의 승인을 받게 되는데 이를 사업계획승인이라고 하며 공공부분이 사업주체인 경우 이 시점이 보상가 산정의 기준이 된다. 수용권이 있기 때문이다.

주택법에서 민간주체는 수용권이 없다. 다른 법률에서도 민간주체의 수용권은 원칙적으로 불가하지만 예외적으로 다음의 요건을 갖추며 가능하다.

사업종류	토지수용 가능 요건
택지개발사업	• 2007.04.20. '공공·민간 공동택지개발사업' 제도 시행 • 민간의 토지확보(소유+계약)비율 달성해야
도시개발사업	• 토지면적의 2/3 이상 소유하고, 소유자 총수의 1/2 이상 동의
도시계획시설사업	민간인도 시설사업행자로 지정시 가능 • 토지면적의 2/3 이상 소유하고 소유자 총수의 1/2 이상 동의 • 기부체납자 + 무상귀속자
산업단지	• 민간인도 원칙적으로 가능. 위헌적
기업단지	• 토지소유권 50%선 확보하여야

[**PART 09** 수용예정지 찾는 법]

도시계획시설 투자기법

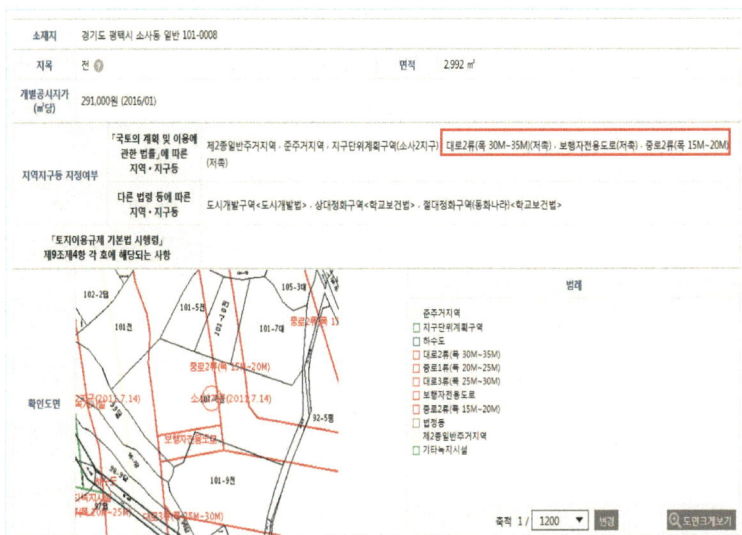

사진   도시계획시설 – 도로

해당 시설이 도시계획시설임을 알리는 표시는 토지이용계획확인 원의 '국토의 계획 및 이용에 관한 법률' 따른 지역·지구 란에 도로, 공원, 학교, 주차장 부지 등 그 내용이 명시되어 있다.

도시계획시설로 결정고시가 되었다면 해당 필지의 소유자의 사개 발은 불가능하다. 도시계획시설 안에서는 건축허가를 해서는 안 된 다는 국토의 계획 및 이용에 관한 법률 제64조문에 의해서다.

도시계획시설결정 고시 후에는 단계별 집행계획을 2년 내 수립해 야 하는데 이 기간 안에 1단계 집행계획이 수립 되었다면 조기집행 이 가능한 사업이다.

집행계획이 미수립 되거나 2단계 집행계획이 수립되었다면 해당 필지의 소유자는 이 부지에 가설건축물 건축이 가능하다.

단계별 집행계획을 파악하라

도시계획시설부지에 들어와 있는 물건은 어떻게 사업할 것인지 시설사업에 관한 규정으로 단계별로 집행계획을 세운다. 해당 지방자치단체는 해당 지역에 필요한 도로·공원·학교 등을 만들 때 도시계획을 먼저 세운 후 이 계획에 맞게 개발을 한다. 이 때 예산이 넉넉하면 한 번에 시행하는데 문제가 없지만 지자체 예산이 부족하면 급한 것을 먼저하고(1단계) 덜 급한 것은 나중에(2단계) 하게 되는데 이것을 단계별 집행계획이라 한다.

단계별 집행계획을 수립 시 3년 이내 시행 계획은 1단계, 그 이후 계획은 2단계로 분류한다. 여기서 주의점이 있다. 1단계 시행계획이 3년 이내이니 2단계는 6년 이내가 아니라 기약이 없다는 점이 문제다. 해당 토지가 도시계획시설부지라면 몇 단계 집행계획인지 알아봐야 한다. 2단계라면 심각하게 생각해야 한다.

만약 1단계라면 사업이 거의 확정적으로 임박했다는 얘기다. 여기서 끝이 아닌 몇 년도 단계별 집행계획에서 1단계였는지 물어보아라.

2015년도 1단계라면 2015년, 2016년, 2017년으로 2017년인 올해 안에 시행한다는 얘기다.

2017년도 1단계 집행계획이라면 2017, 2018, 2019이므로 아직 2~3년을 더 기다려야 할 수 있다는 얘기다. 이렇게 사업진행 속도를 추정할 수 있다.

1단계 사업은 탄력이 있다.

사업의 시행자는 누구로 할 것인가를 정하고 이 시행자는 사업을 어떻게 할 것인지 실시계획을 정한다. 이렇게 공사가 스타트 되며 보상이 진행된다.

이런 이유로 전국 지자체 홈페이지에서 보면 무수히 많은 돈들이 움직이는 게 보인다.

가설건축물에 속지 마라

```
┌─────────────────────────┐
│      토지 – 지목 '전'      │
│   ┌─────────────────┐   │
│   │     가설건축물     │   │
│   └─────────────────┘   │
└─────────────────────────┘
```

가설건축물이란 임시로 설치한 건축물로 일정기간이 지나면 철거해야 한다. 이런 가설건축물의 특성상 허름하다고 생각할 수 있는데 이는 오산이다. 눈으로 보기엔 일반 건축물과 똑같다.

지목이 '전'인 농지에 일시전용허가를 받아 가설건축물을 건축하여 사업하는 A씨. 경영난으로 해당 건물과 토지가 경매로 나오게 되었다.

감정평가사가 해당 토지와 건물 감정을 하는데 이때 입찰자가 주의해서 볼 점이 있다. '전'이 아니라 잡종지로 평가하거나 건물의 부속토지로 평가하는 경우가 있기 때문이다. 감정가가 높아지는 순간이다.

나중에 이 토지가 수용당해서 도시계획시설이 들어설 때는 일시적인 이용 상태는 인정하지 않아 '전'으로 보상한다.

도시계획시설 부지 안에 학교, 도로, 공원 등이 있을 때는 무허가 건물보다는 가설건축물일 소지가 높다는 생각을 해야 한다.

가설건축물의 부속 토지가 실질적으로 '대'였으면 모르나 '전'

'답'임에도 잡종지로 평가되는 경우를 조심하라. 무늬만 개발부지로 보일 뿐 실질은 밭이다.

> **공익사업을 위한 토지 등의 취득 및 보상에 관한 법률 제70조2항**
> 토지에 대한 보상액은 가격시점에서의 현실적인 이용상황과 일반적인 이용방법에 의한 객관적 상황을 고려하여 산정하되, 일시적인 이용상황과 토지소유자나 관계인이 갖는 주관적 가치 및 특별한 용도에 사용할 것을 전제로 한 경우 등은 고려하지 아니한다.

[PART 09 수용예정지 찾는 법]

 제대로 보상받는 법

중요한 얘기를 해보겠다.

개인들 땅이 불규칙하게 있는 상태에서 이곳에 도시계획시설인 공원부지, 도로 부지 등을 지정하고 이때부터 토지소유자는 사개발이 정지된다. 기존에는 건축이 가능한 땅이었으나 지정되면서 갑자기 건축이 안 되는 땅으로 바뀌는 것이다. 이런 땅들이 개발이 안 되니 잘 팔리지도 않고 살다보며 겪는 자금난에 경매에 나온다.

여기서 생각해보자.

사개발이 억제되어 있는 상태인데 여기서 경매 나온다면 감정금액은 어떨가?

경매감정 시 유사비교 표준지를 선정하여 감정을 하게 되는데 이는 행위제한을 받지 않는 토지에 비해 저렴하게 감정이 된다. 도로, 공원 이라는 행위제한으로 인해 감가를 하기 때문이다. 일반 경매 감정이 100% 감정이라면 도로, 공원 부지는 20~30%를 감가하여 70~80% 가격에 감정 평가한다. 감정평가서를 보면 '도시계획시설 부지임을 감안하여 감가하였음' 이런 표현이 있다. 원 감정가가 1억 원이라면 7,000만원~8,000만원에 나온다. 이 금액에서 유찰이 거듭되며 더욱 낮은 금액으로 변모하게 된다.

'공원'이 경매에 나왔다.

도시계획시설이니 개발행위는 억제된다. 이 물건을 낙찰 받아 새로운 소유주가 되었고 이후 실제 공원 사업이 진행이 된다면 보상액 산정은 어떻게 될까? 내가 낙찰 받은 금액 기준으로 보상 감정이 될까? 경매 감정가를 기준으로 감정이 될까?

앞에서 사업인정고시일을 배웠기 때문에 사업인정고시일을 기준으로 보상이 된다는 답변을 할 것이다. 물론 맞는 말이다. 하지만 '공원'은 히든카드가 숨어 있다.

공익사업을 위한 토지 등의 취득 및 보상에 관한 법률 시행규칙 23조에서 보듯이 공법상 제한이 당해 공익사업의 시행을 직접 목적으로 하여 가하여진 경우에는 제한이 없는 상태를 상정하여 평가한다. 이 말인 즉, '공원'이라는 공법상 제한이 있는 토지를 '공원'이라는 시행 목적으로 보상을 하는 경우 '공원'의 제한이 없는 상태로 보상해야 한다는 뜻이다. 이런 이유는 당해 토지에 공법적 제한을 두어 지가 상승억제, 행위제한을 해 놓고 당해 사업으로 싼 가격에 그 토지를 수용한다는 것은 국가가 국민을 기망하는 행위이기 때문이다. 따라서 이런 경우는 사업인정고시일을 기준으로 보상을 하되 공법적 제한이 없는 상태로 보상금이 책정된다는 것이다. 경매감정가는 공법상 제한을 받는 상태로 평가하기 때문에 실제 이 보다 더 유찰된 가격에 낙찰을 받았다면 후에 보상금은 공법상 제한이 없는 상태로 보상을 하기에 낙찰가격 또는 경매감정가격보다 더 높은 금액을 받을 가능성이 있는 것이다. 경매 감정금액 자체가 감가되어 이미 낮게 시작한 상태에서 유찰을 하여 더 낮은 금액으로 낙찰을 받았는데 보상금액은 100%다. 낙찰 받는 순간 돈을 번 것이다.

이런 물건들을 찾아내려면 해당 홈페이지에서 기초조사, 의견 청취 등의 과정이 공지된 내용을 미리 파악하는 것이 필요하다. 이런 선행학습을 통해 선정된 지역에서 경매물건을 찾아내는 것이 효율

[**PART 09** 수용예정지 찾는 법]

적이다. 이미 결정·고시가 되어 해당 홈페이지나 인터넷에 공개적으로 노출이 되었을 때는 너도나도 투자한다. 이런 물건은 경쟁률이 높아져 높은 입찰가를 써야 낙찰 받는 현실에 수익률이 제대로 실현될지 의문이다.

일찍 일어나는 새가 먹이를 잡는 법이다. 남들보다 먼저 보고 먼저 잡아라.

관계부서 홈페이지 등에서 이런 내용의 움직임을 파악하며 6개월 전, 1년 전에 있는 내용들을 연관하여 훑어보면 도로·공원 등에 대한 지방의회 의견 청취 했던 부분들이 나온다. 거기 보면 해당 지역이 거론되는데 이 지역에 있는 경매물건 찾아토지이용계획확인서를 발급하여 확인하는 식으로 내용을 맞춰가는 것이다.

그렇다면 개발제한구역(그린벨트)의 토지를 보금자리 주택의 건설을 목적으로 수용하는 경우에도 '개발제한구역'이라는 공법적 제한이 없는 상태로 보상을 할까?

정답은 그렇지 않다. 행위제한의 원인은 '개발제한구역'이고 수용원인은 '보금자리 주택'으로 행위제한과 수용원인이 일치하지 않는 것이다. 앞에서 본 공원의 경우 행위제한 '공원'과 수용목적 '공원'이 일치하기 때문에 공법적 제한이 없는 상태로 보상금이 책정되는 것이다.

감나무 밑에서 기다리자

감나무가 있다.

조그맣고 푸른 감이 열려 있지만 아직 먹을 수는 없다. 떫기 때문이다.

여름이 지나고 가을이 되면 감이 빨갛게 무르익어 먹기 좋게 떨어진다. 감이 익어가는 모습을 계속 예의주시한 사람은 이때를 놓치지 않고 감을 먹을 수 있다.

감나무를 쳐다보지 않은 사람은 감이 떨어지는 것도 모른 채 지나간다.

지자체 홈페이지를 계속 예의 주시하여 해당 지역의 경매물건이 나오는지 검색해보아라. 이렇게 기본 지역을 정하고 물건을 찾으면 돈이 되는 물건을 만날 수 있다.

물건 나올 때마다 무작위로 보는 것이 아니라 이렇게 그 지역의 경매물건이 나오는지 항상 예의주시하란 말이다. 법원경매홈페이지, ○○옥션 등 경매 사이트에서 모든 물건을 대상으로 찾기 전에 이런 메커니즘을 알고 해당 물건을 찾는 것이 빠르다.

더 빠른 사람은 경매물건이 나오기 전에 움직이기도 한다.

1단계 도시계획시설 부지 안에 들어있는 필지의 등기부를 일일이 발급하여 가압류, 압류 등이 있는 물건들, 경매개시기입등기가 있어 경매예정물건들을 파악하여 작업에 들어간다.

국가계획 또는 관련법에 해당 사업을 지정하는 지정권자가 있다.

[**PART 09** 수용예정지 찾는 법]

이들이 지정을 하기 위해서는 먼저 개발계획을 수립하여야 한다. 주택이 얼마 들어가고 공장용지가 얼마 들어가고 인구가 몇 만이 사는 도시를 만든다… 이런 계획을 수립하는데 이런 내용들이 인터넷에 기사화되기도 한다. 이런 지정의 과정은 법에 따라 일정한 절차를 거치는데 대부분 순서는 기초조사 → 공청회(주민의 의견청취) → 지방의회 의견청취 → 관계장과 협의 → 도시위원회 심의 등을 거치게 된다.

이런 내용들이 해당 주무부 관청 홈페이지에 다 올라온다. 많은 사람들이 이런 내용들은 나와 상관없는 얘기로 치부하는데 그렇게 보지 말고 이때부터 유심히 봐야 한다. 모든 과정을 거쳐 지정이 되면 지정권자는 누가 할 것인지 시행자를 정한다. 시행자는 어떻게 시행 할 것인가 구체적으로 정해 실시계획을 세우거나 사업계획승인 또는 사업시행계획인가를 받는다(법에 따라 용어가 다소 다르다). 이후 사업은 스타트 → 엔딩 → 준공 → 소유권이전고시를 거치게 된다.

스타트가 되면 이미 수용보상이 끝났기에 거론할 필요가 없다. 사업 스타트 전에 이런 움직임을 예의주시해야 한다. 지정권자가 지자제 장이라면 지자제 홈페이지, 지정권자가 국가 등이라면 주무부 관청 홈페이지를 보면 이런 흐름 내용들이 다 나온다.

요즘은 힘들게 다리품 안 팔아도 된다. 모든 정보는 인터넷에 다 있기 때문이다.

[왕교수가 알려주는 부자되는 100억 경매]

PART

10

미불용지 투자법

- 돈 되는 미불용지를 찾아라
- 가짜 미불용지를 조심하라 1
- 가짜 미불용지를 조심하라 2
- 영구적 미불용지를 조심하라

[왕교수가 알려주는 부자되는 100억 경매]

돈 되는 미불용지를 찾아라

미불용지란 종전에 시행된 공공사업의 부지로서 보상금이 지급되지 아니한 토지를 말한다. 원칙적으로 공공사업에 편입된 토지는 사업시행 이전에 보상이 완료되는데 여러 가지 원인으로 보상금을 지급하지 아니한 채 사유재산을 공익사업에 사용하고 있는 경우이다.

이런 미불용지를 경매로 낙찰 받으면 수익성이 높다. 다만 무턱대고 덤비는 것은 위험하다. 미불용지를 낙찰 받을 때 주의할 점은 무엇인지, 보상가 산정은 어떤 기준인지, 유사한 미불용지는 어떻게 가려내야 하는 지 알아보자.

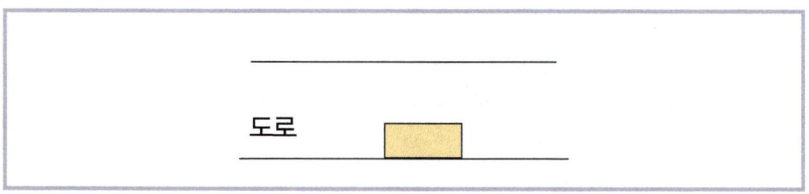

경매 나온 물건이 도로 부지 안이거나 또는 공원·학교 부지 안에 있다는 가정을 해보자.

해당 물건은 개인명의이고 채무관계가 복잡하여 경매로 나왔는데 이를 낙찰 받으면 어떻게 해야 할까? 내 땅이니 도로를 막을 수 있을까?

하지만 공익사업으로 조성된 부지로 이용되고 있으니 그럴 수는 없다.

[PART 10 미불용지 투자법]

내 땅인데 도로를 막지도 못한다면 낙찰 받아서 어떤 이득이 있을까?

이 물건의 경매감정을 살펴보자. 감정평가사는 인근유사비교사례를 적용하여 인접 대지와 비교하여 감정을 하는 데 인접대지가 100이라면 일반적으로 도시계획시설 예정부지에 속하면 70으로 감정을 한다. 개발행위를 할 수 없으니 감가를 하는 것이다. 하지만 이처럼 현재 도로로 사용하고 있는 상태는 100의 1/3수준인 30~40%의 감정이 나온다.

이렇게 신건에 나온 도로는 유찰이 거듭되어 더욱 떨어져 감정가의 50%에 낙찰을 받았다고 가정해 보자. 시세대비 감정가 30%, 여기에 50% 유찰로 인근시세의 15% 가격으로 낙찰 받은 셈이다. 하지만 이런 물건은 대출이 불가능하다. 실제 경매법원 뒤에 서있는 대출 알선 담당자들이 낙찰 후에도 아무도 접근 안한다. 본인자금이 100% 투입됨을 감안하여라.

낙찰자가 소유권 이전 등기 후에 취하는 방법을 알려주겠다. 내 땅임에도 도로를 막을 수는 없지만 남의 땅을 도로로 쓰고 있으니 지료를 달라 청구할 수 있다. 해당 지자체장을 상대로 부당이득 반환 소송을 해서 지료청구가 가능한 것이다. 승소하여 지료청구가 진행되면 해당 지자체는 일정 지료를 매년 지급하게 되는데 관할부서에서는 매년 예산을 책정해야 하는 번거로움에 보통 1~2년이 지나면 보상하여 수용하는 경우가 많다.

이 때 보상금 산정은 도로기준으로 보상을 할까?

정답은 그렇지 않다.

미불용지는 보상의 예외 법칙에 들어가기 때문이다.

원칙은 현재이용상태를 원칙으로 보상이지만 미불용지는 도로가 아닌 상태로 보상을 한다.

보상을 하지 않은 채 도시계획시설(도로, 공원, 학교 등)로 사용하고 있다면 그 시설이 없는 상태로 보아 보상을 해야 하는 법에 따라 해당 공익사업으로 수용 직전 이용 상태를 고려한다. 직전 지목이 '전'이면 '전'을 기준으로, '대'였으면 '대'를 기준으로 보상한다.

지정 당시 공시지가를 기준으로 그 공시기준일부터 가격시점까지의 지가변동률, 생산자물가상승률과 그 밖에 그 토지의 위치·형상·환경·이용상황 등을 고려하여 평가하므로 주변 경제적 가치를 따져 보상한다.

가짜 미불용지를 조심하라 1

주변 다른 땅의 소유는 국가인데 A토지는 개인 소유인 경우가 있다. 이때 A토지가 경매에 나오면 이를 미불용지라 판단하고 무조건 낙찰 받다가는 폭탄이 떨어질 수도 있다. 가짜 미불용지를 조심해야 한다.

실제 있었던 일이다.

A토지의 낙찰자는 해당 지자체에 미불용지 보상 청구했지만 이는 미불용지가 아니라는 답변이 돌아왔다.

과거 주택건설회사가 사업계획승인 조건으로 공원 부지를 확보하라는 협의를 받아들여 그 일대 토지를 공원부지로 계획을 하여 승인을 받았다. 이에 해당 A토지는 주택건설회사로부터 돈을 받고 동의서를 넘겼고 이후 A토지를 포함하여 일대 토지가 공원으로 조성되었다. 실제 이렇게 조성된 공원은 해당 지자체 소유이다. 처음부터 공원조성을 조건으로 사업시행 승인을 하였기 때문이다. 소유권이전등기와 무관하게 법률규정에 따른 물권변동으로 과거 A가 주택건설에 동의서를 넘긴 그 즉시 지자체 소유의 효력이 발생하는 것이다.

이를 모르는 낙찰자가 지자체를 상대로 보상청구를 하니 당연히 받아들여지지 않는다.

이미 배당이 끝난 상태라 법원 경매계를 찾아가 하소연해도 소용이 없다. 배당 받아간 채권자를 상대로 부당이득 반환 소송을 제기하여야 하는데 채권자에게 각각 소송을 제기하는 터라 소요비용과 시간이 많이 드는 힘겨운 시간이 펼쳐진다.

따라서 이렇게 조건부 허가로 설치된 도시계획시설을 미불용지라 오판하지 않도록 조심하자.

실제 도로 미불용지 경매 10건 중 6~7건이 가짜 미불용지다.

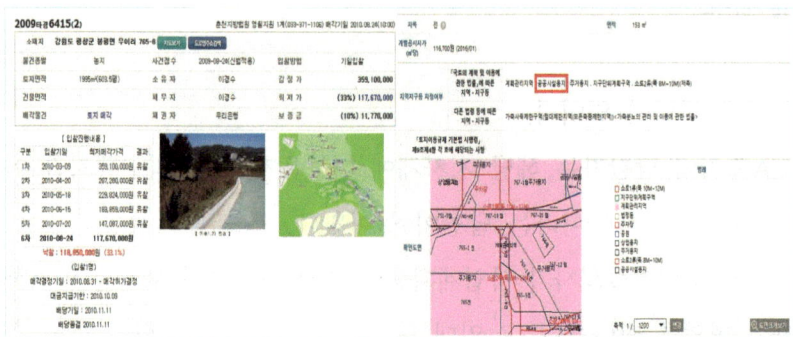

사진 가짜 미불용지 경매물건 사례

가짜 미불용지를 조심하라 2

해당 도시계획시설이 미불용지인지 유무를 담당 공무원에게 물어보는 경우가 많다.

이 때 공무원이 미불용지라고 말하는 것을 곧이 믿으면 안 된다. 그들의 말이 거짓이거나 실수했다는 뜻이 아닌 오차 범위를 너무 넓혀놓아 이런 상황이 벌어지는 것이다.

과거와 현재의 보상 절차가 약간 다르다. 과거에는 보상금과 토지소유자의 소유권이전이 동시이행관계였다. 보상금 받고 그 즉시 서류 넘기는 것이다.

요즘 보상받으신 분들은 알겠지만 현재는 선 이전, 후 보상이다. 등기이전서류를 다 넘기고 등기이전이 완료된 후 보상금이 지급된다. 따라서 현재 업무를 보는 공무원 입장에서는 도시계획시설로 사용 중인 해당 부지가 개인이름으로 되어 있다면 미불용지라고 얘기 할 수도 있다. 30년 전 ~ 20년 전 미불용지가 탄생될 때 이런 업무를 한 적이 없는 공무원은 과거에는 선 보상, 후 이전이었다는 것을 모르는 것이다.

과거, 협상시간이 지연될수록 토지소유자가 요구하는 보상금 액수가 올라가니 합의되면 그 즉시 보상하고 소유권이전 등기 서류를 받았다. 법률규정에 의한 물권변동이라 보상금을 지급한 즉시 등기 여부와 무관하게 소유권은 지자체로 넘어온 것이다.

이렇게 보상금이 지급된 토지에 대해 이전등기 업무를 진행한다. 한 건 한 건 보상할 때마다 등기 진행 시 업무에 지장을 초래하여 일정기간 모은 등기이전 서류를 한 번에 법무사에 넘기는 식으로 진행하는데 이 과정 중에 변수가 생긴다. 인감증명서 유효기간이 지난 건이 발생하는 것이다. 등기소에서 보정이 떨어져 인감증명서를 다시 발부받아야 하는데 전소유자인 A가 연락이 잘 안 되는 경우가 생기는 것이다. 이렇게 등기이전이 완료되지 못한 채 시간이 흘러 A의 채권자에 의해 해당 토지가 경매에 등장하는 것이다. 법률규정에 의해 보상금 지급 시 이미 지자체에게 소유권이전이 완료된 것을 모른 채 이 토지를 B가 낙찰 받은 것이다. B는 지자체에 해당토지의 무상사용에 대한 대가를 청구하게 되는데 지자체에서 과거 보상이 완료되었음을 증명하는 영수증을 제시하는 순간 이것은 가짜 미불용지가 되는 것이다.

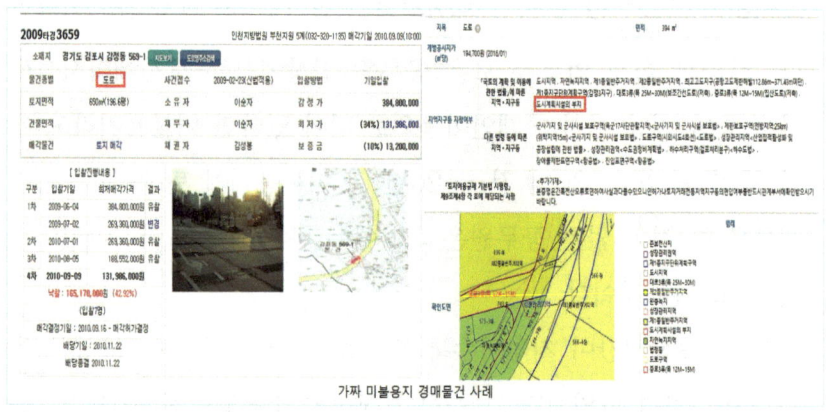

가짜 미불용지 경매물건 사례

사진 가짜 미불용지 경매물건사례

[**PART 10** 미불용지 투자법]

영구적 미불용지를 조심하라

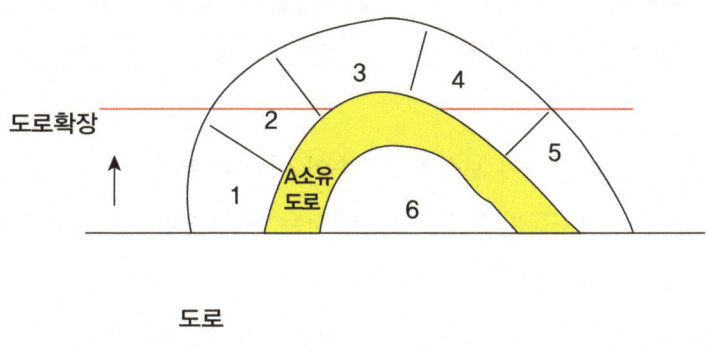

이 사건은 해당 도로부지를 경매에서 낙찰 받은 B가 소송을 하였지만 대법원에서 패소하면서 큰 손해로 이어진 실제 경매사례이다.

해당부지(노란색 표시부분)의 소유자 A의 동의를 받아 도로를 내어 1~6번의 필지에 주택을 건축한 사례이다. 이후 주 도로가 확장되면서 도로에 편입되는 A, 1, 2(일부), 4(일부), 5, 6필지의 소유자들은 보상을 받게 되는데 이 때 도로 부지의 소유자인 A는 행방이 묘연하여 보상을 받지 못했다. 관할 지자체는 A에게 보상금을 지급하지 못한 채 도로를 확장 개설하여 사용중이다. 오랜 시간이 흘러 A에게 돈을 받지 못한 채권자들이 A의 재산을 수소문하여 가압류를 하여 경매로 넘긴 사건에서 이를 미불용지라 판단한 B가 낙찰받았다. B는 해당 지자체에 부당이득반환청구 소송을 제기하게 되는데 이에 대법원 판결까지 가는 격전을 펼쳤지만 패소하고 말았다.

패소의 이유인 즉, 이 땅은 도로가 확장되기 전부터 도로로 사용하고 있는 땅이었고 확장된 후에도 도로로 사용중인 바, 같은 목적으로 사용하고 있으므로 부당하게 이득을 본 경우가 아니라는 것이다. 그렇다면 낙찰자 B는 보상을 받을 수 없는 것일까? 그렇지는 않다.

실제 소송의 사건이 보상청구소송이 아니라 부당이득반환청구 소송이었다. 부당이득반환청구 소송에서는 패소하였지만 지자체에 보상을 요구할 수는 있다. 하지만

예산이 없다는 이유로 계속 기다리라는 답변만이 돌아올 뿐이다. 현재 보상금을 지급하며 시행해야 하는 사업이 수두룩한데 이미 사업이 완료된 시설의 보상금을 챙겨줄 정도로 여유가 있지 않기 때문이다. 보상은 기약없이 미뤄지며 영구적 미불용지로 남게 되는 것이다.

실제 경매물건을 조사하다 보면 10개 중 1~2개만 진성 미불용지고 나머지는 가짜이거나 영구적 미불용지다.

입찰 전에 공익사업의 시행자에게 보상조서에 해당 필지의 보상 내역이 있는지, 과거 이용 상태는 어떠했는지 철저하게 알아봐야 한다.

PART

11

도로법

- 도로란 무엇인가?
- 도로의 범주
- 도로 특례를 알아두자
- 현황도로
- 대지와 도로의 관계
- 도로의 구분
- 사도법
- 도로부지 투자 특급노하우
- 하천부지 투자 특급노하우

도로란 무엇인가?

도로를 한 마디로 정의하라면 뭐라 답하겠는가? 차가 다니는 길? 틀린 말은 아니지만 법에서는 단순히 차가 다닌다고 도로라고 칭하지는 않는다. 법에서 제시한 규정에 맞아야 도로라고 하는 것이다. 여러 법규마다 도로에 대한 정의를 별도로 내리고 있어 여러모로 살펴봐야 한다.

도로는 두 지점 간에 사람과 물자를 경제적으로 이동시키기 위하여 합리적으로 설치한 지상의 시설로 건축법, 국토의 이용 및 관리에 관한 법률, 도로법, 사도법 등의 여러 법률에서 각각 제정 취지에 맞게 차이를 두고 규정하여 운용하고 있다.

건축법에 정해 놓은 도로는 보행과 자동차 통행이 가능한 너비 4미터 이상인 길을 도로라 한다. 원칙적으로 건축물 대지는 2미터 이상의 도로에 접해야 하며, 연면적 합계가 2천제곱미터(공장은 3천제곱미터) 이상인 건축물의 대지는 너비 6미터 이상의 도로에 4미터 이상 접해야 한다.

국토의 계획 및 이용에 관한 법률에 정해 놓은 도로는 사용 및 형태, 규모 및 기능별로 구분해 놓았는데, 도로는 기반시설 중 하나이며 원칙적으로 도시관리계획으로 결정하여 설치하도록 하였다. 이 법의 사용형태상 일반도로는 폭 4미터, 보행자전용도로는 폭 1.5미터 이상이다. 규모별로 광로(70~40미터 미만), 대로(40~25미터 미만), 중로(25~12미터 미만), 소로(10~8미터 미만)로 구분하였고, 기능별로는 주간선도로, 보조간선도로, 집산도로, 국지도로 및 특수도로로 구분하였다.

  도로법에서 규정하는 도로는 일반인의 교통을 위해 제공되는 도로로서 그 종류에는 고속국도, 일반국도, 특별시도·광역시도, 지방도, 시도, 군도, 구도가 있다.

  농어촌도로정비법에서 규정하는 도로는 1차산업위주의 농어촌 도시 내 도로를 정비하는 도로로써 면도, 이도, 농도 등을 말한다.

  사도법의 사도는 도로법의 도로, 도로법의 준용을 받는 도로, 농어촌도로정비법에 따른 도로, 농어촌정비법에 따라 설치된 도로가 아닌 것으로 그 도로에 연결되는 길로 정의해 놓았다. 사도는 관할 시장, 또는 군수의 허가를 받아 개설하고 사도를 설치한 자가 관리해야 한다.

 ## 도로의 범주

다음은 건축법에 있는 도로에 관한 설명이다.

> **건축법2조1항11호**
> "도로"란 보행과 자동차 통행이 가능한 너비 4미터 이상의 도로(지형적으로 자동차 통행이 불가능한 경우와 막다른 도로의 경우에는 대통령령으로 정하는 구조와 너비의 도로)로서 다음 각 목의 어느 하나에 해당하는 도로나 그 예정도로를 말한다.
> 가. 「국토의 계획 및 이용에 관한 법률」, 「도로법」, 「사도법」, 그 밖의 관계 법령에 따라 신설 또는 변경에 관한 고시가 된 도로
> 나. 건축허가 또는 신고 시에 특별시장·광역시장·특별자치시장·도지사·특별자치도지사(이하 "시·도지사"라 한다) 또는 시장·군수·구청장(자치구의 구청장을 말한다. 이하 같다)이 위치를 지정하여 공고한 도로

법문 가목에서 「국토의 계획 및 이용에 관한 법률」의 도로는 시설도로를 의미하고 「도로법」은 국도·지방도, 「사도법」은 사도, 그 밖의 관계 법령에 따른 도로는 농어촌도로정비법 등에 관한 도로로 면도·이도 등을 의미한다.

건축허가 또는 신고 시에 시·도지사 또는 시장·군수·구청장이 위치를 지정하여 공고한 도로란 기존 건축주가 건축허가요건에 부합하는 도로요건을 갖추기 위해 주변
이해관계인의 동의를 얻어 건축허가 시 도로부분의 해당필지 소유자의 사용승낙서를 첨부하여 건축이 이루어지는 경우로 이 때 지정 공고한 도로를 말한다. 기존의 현황도로에서 법정도로로 바뀌는

것이다. 이런 법정도로에 접한 토지는 이후 다른 건축도 순조로울 가능성이 높다.

하지만 주의할 점이 있다.

이런 법정도로의 요건을 갖추더라도 건축이 불가능한 경우가 있기 때문이다. 예를 들어 도로법상 도로(국도)에 접한 토지가 있을 때 건축법 기준에서는 도로요건을 갖추었기 때문에 건축이 가능하지만 관계 법규에서 도로 교통기능을 위해 건물을 지을 수 없다고 명시한 곳에서는 건축이 불가능하다(연결금지구간 등). 따라서 건축을 위해서는 먼저 건축법상 도로 요건을 갖추었는지 살피고 도로법 관계 법류에서 건축을 금하는 조항의 유무도 살펴야 한다. 양 쪽 법규를 다 살펴봐야 한다.

도로에 따라 건축가능여부는 지역에 따라서도 다르다. 동·읍과 도시지역(용도지역)에서는 법정도로라 일컫는 도시계획시설도로, 도로법상 도로, 사도법상 도로, 이해관계인의 동의를 얻어 도로로 지정된 도로(일명 법정화 도로)에 접한 땅은 건물을 짓지만 이런 곳에 접하지 않은 비법정도로에는 건축이 불가능하다. 하지만 면 및 비도시지역에 접해있는 땅은 비법정도로(현황도로), 새마을도로에 접해 있는 땅이라도 건축이 가능하다.

맹지

경매물건 매각명세서에 '현황도로로 통행가능 지적도상 맹지'라는 문구가 명시되어 있을 때 이를 무조건 맹지라고 보지 말고 이 지역이 ○○면 ○○리 라면 현황도로만으로도 건물을 지을 수 있음을 기억하자. 그러나 소재지가 ○○동 또는 ○○읍 이며 토지이용계획확인서에 주·상·공·녹(용도지역)에 속한 토지와 건물이 경매물건이 나왔을 때는 잘 살펴야 한다. 건물이 워낙 오래되어 낙찰 받으면 새 건물을 지을 계획인 경우 '현황도로로 통행가능 지적도상 맹지다'라는 것은 법정도로도 아니고 이해관계인의 동의를 얻어 법정화 된 도로도 아니므로 말 그대로 맹지다. 이런 경우는 입찰에 신중을 기해야 한다.

그렇다면 이런 지역에 예전에는 어떻게 건축이 가능해서 토지와 건물이 함께 경매에 나왔을까?

이유는 행정상의 지역승격이 원인이다. 예전에 이 지역은 ○○면 ○○리여서 현황도로만으로도 건축이 되었지만 그 후 ○○동으로 승격하여 지금은 현황도로만으로 건축이 안 되는 것이다.

[PART 11 도로법]

도로 특례를 알아두자

건축허가를 받기 위해서는 해당 필지가 4m 도로요건에 부합하여야 한다고 다들 알고 있다. 하지만 반드시 도로가 4m 규정에 맞아야 하는 것은 아니다. 특례가 있기 때문이다.

> **건축법시행령**
> 제3조의3(지형적 조건 등에 따른 도로의 구조와 너비) 법 제2조제1항제11호 각 목 외의 부분에서 "대통령령으로 정하는 구조와 너비의 도로"란 다음 각 호의 어느 하나에 해당하는 도로를 말한다.
> 1. 특별자치시장·특별자치도지사 또는 시장·군수·구청장이 지형적 조건으로 인하여 차량 통행을 위한 도로의 설치가 곤란하다고 인정하여 그 위치를 지정·공고하는 구간의 너비 3미터 이상(길이가 10미터 미만인 막다른 도로인 경우에는 너비 2미터 이상)인 도로
> 2. 제1호에 해당하지 아니하는 막다른 도로로서 그 도로의 너비가 그 길이에 따라 각각 다음 표에 정하는 기준 이상인 도로
>
> | 막다른 도로의 길이 | 도로의 너비 |
> |---|---|
> | 10m 미만 | 2m |
> | 10m 이상 35m 미만 | 3m |
> | 35m 이상 | 6m(도시지역이 아닌 읍·면 지역은 4m) |

이처럼 지형적 조건으로 도로의 설치가 곤란하다고 인정하여 위치를 지정 공고한 구간은 3m 이상(길이가 10미터 미만인 막다른 도로인 경우에는 너비 2m 이상)인 도로이면 건축이 가능하며 막다른 도로의 경우 해당 2~6m의 해당 도로 너비요건을 충족하면 건축이 가능하다.

 **현황도로**

현황도로란 지적도 상에 도로로 표기되어 있지 않지만 주민이 오랫동안 통행로로 이용하고 있는 사실상의 도로로서 『건축법』에서는 건축허가 또는 신고 시에 시·도지사 또는 시장·군수·구청장이 현황도로를 『건축법』상 도로로 지정·공고할 수 있는 기준을 규정하고 있다.

> **건축법**
> **제45조(도로의 지정·폐지 또는 변경)** ① 허가권자는 제2조제1항제11호 나목에 따라 도로의 위치를 지정··공고하려면 국토교통부령으로 정하는 바에 따라 그 도로에 대한 이해관계인의 동의를 받아야 한다. 다만, 다음 각 호의 어느 하나에 해당하면 이해관계인의 동의를 받지 아니하고 건축위원회의 심의를 거쳐 도로를 지정할 수 있다.
> 1. 허가권자가 이해관계인이 해외에 거주하는 등의 사유로 이해관계인의 동의를 받기가 곤란하다고 인정하는 경우
> 2. 주민이 오랫동안 통행로로 이용하고 있는 사실상의 통로로서 해당 지방자치단체의 조례로 정하는 것인 경우

시·도지사 또는 시장·군수·구청장이 현황도로를 『건축법』상 도로로서 지정·공고하기 위해서는 해당 도로에 대한 이해관계인의 동의가 필요하다. 다만, 허가권자가 이해관계인이 해외에 거주하는 등의 사유로 이해관계인의 동의를 받기가 곤란하다고 인정하는 경우나 주민이 오랫동안 통행로로 이용하고 있는 사실상의 통로로서 해당 지방자치단체의 조례로 정하는 것인 경우에는 이해관계

인의 동의를 받지 않고 건축위원회의 심의를 거쳐 도로로 지정할 수 있도록 하고 있다.

서울특별시 건축조례에서는 허가권자가 이해관계인의 동의를 얻지 아니하고 건축위원회의 심의를 거쳐 도로로 지정할 수 있는 경우를 다음과 같이 규정하고 있다.

1. 복개된 하천·구거부지
2. 제방도로
3. 공원 내 도로

허가권자가 현황도로를 건축법상의 도로로 지정 공고하는 경우에는 별도의 도로관리대장을 작성 관리해야 한다.

대지와 도로의 관계

> **건축법 제44조(대지와 도로의 관계)** ① 건축물의 대지는 2미터 이상이 도로(자동차만의 통행에 사용되는 도로는 제외한다)에 접하여야 한다. 다만, 다음 각 호의 어느 하나에 해당하면 그러하지 아니하다.
> 1. 해당 건축물의 출입에 지장이 없다고 인정되는 경우
> 2. 건축물의 주변에 대통령령으로 정하는 공지가 있는 경우
> 3. 「농지법」 제2조제1호나목에 따른 농막을 건축하는 경우
> ② 건축물의 대지가 접하는 도로의 너비, 대지가 도로에 접하는 부분의 길이, 그 밖에 대지와 도로의 관계에 관하여 필요한 사항은 대통령령으로 정하는 바에 따른다.
>
> **건축법시행령**
> 제28조(대지와 도로의 관계) ① 법 제44조제1항제2호에서 "대통령령으로 정하는 공지"란 광장, 공원, 유원지, 그 밖에 관계 법령에 따라 건축이 금지되고 공중의 통행에 지장이 없는 공지로서 허가권자가 인정한 것을 말한다.
> ② 법 제44조제2항에 따라 연면적의 합계가 2천 제곱미터(공장인 경우에는 3천 제곱미터) 이상인 건축물(축사, 작물 재배사, 그 밖에 이와 비슷한 건축물로서 건축조례로 정하는 규모의 건축물은 제외한다)의 대지는 너비 6미터 이상의 도로에 4미터 이상 접하여야 한다.

4m 도로에 접하는 300㎡의 대지가 경매로 나왔다고 하자. 상업지역이라 용적률이 500%라면 연면적 1,500㎡까지 건축이 가능하다.

이번에는 같은 조건의 800㎡ 대지가 경매로 나왔다고 하자. 용적률 500%이니 4,000㎡까지 건축이 가능할까?

그렇지 않다. 4m 도로에 접하고 있기에 연면적의 합계가 2,000㎡를 넘을 수 없다. 도로를 6m로 넓히지 않는 한 이 대지는 용적률

을 250%만 활용할 수 있다는 얘기다. 도로넓이로 인한 용적률 제한이 있는 것이다. 신시가지인 경우 도로를 넓게 건설하지만 구시가지인 경우 상업지역이라도 도로가 좁은 경우가 있다. 따라서 용적률만을 보고 토지가치를 판단하지 말고 도로 요건을 살펴 얼마나 용적률을 활용할 수 있는가의 판단이 선행되어야 한다.

건축법상 도로 규정의 적용배제 지역

「국토의 계획 및 이용에 관한 법률」에 따른 도시지역 및 지구단위계획구역 외의 지역으로서 동이나 읍(동이나 읍에 속하는 섬의 경우에는 인구가 500명 이상인 경우만 해당된다)은 도로 규정을 적용하나 그렇지 않은 지역인 비도시지역으로써 면 지역은 상기도로에 관련된 규정을 적용하지 아니한다.

따라서 비도시지역이면서 면지역은 현황도로로 건축이 가능하다.

 도로의 구분

도시계획시설도로

도시계획시설도로란 국토의 계획 및 이용에 관한 법률에 따른 도시관리계획으로 결정 고시된 도로를 말한다. 특·광·시·군(도시)에서 개발계획(계획)한 시설의 도로라는 뜻이다. 도시계획시설사업으로 설치되며 도시계획시설 예정도로부지 안에서는 건축물의 건축 등이 불가능하다.

사진 ▎도시계획시설도로 사진

[**PART 11** 도로법]

도로법상 도로

도로망의 정비와 적정한 도로관리를 위하여 도로에 관한 계획을 수립하고 노선을 지정하거나 인정하는 곳에 필요한 사항과 도로의 관리 시설기준 보전 및 비용에 관한 사항을 규정하여 교통의 발달과 공공복리의 향상에 기여하는 것을 목적으로 하는 도로법에 따라 지정된 도로를 말한다.

예를 들어보자.
인접한 군포시와 안양시가 있다. 군포시에는 군포시가 개발한 시가지 등이 있고 이 안에 주·상·공 등이 존재하며 도시계획시설도로 등이 설치되어 있다. 안양시도 마찬가지다. 이런 두 지역의 원활한 소통을 위해 연결하는 도로가 필요하다. 원칙은 직선도로를 설치하는 게 맞지만 시가지에서 직선도로로 이동하는 시간이 별도로 걸리는 등 주민들의 불편함이 초래된다. 이런 경우 주민들의 편의를 위해 시가지를 걸쳐 지나도록 두 지역의 도로를 연결한다. 시가지에서 바로 이용할 수 있기에 지역주민의 편의는 좋아졌지만 직선도로에 비해 노선이 길어지는 등 기능은 떨어진다. 이런 도로를 도시계획시설 도로라 명칭 하는 것이 적절치 않아 도로에 대한 얘기만 집중적으로 논의가 되는 법률을 재정하게 되는데 이게 바로 도로법상 도로가 되는 것이다. 경기도를 지나는 도로라면 지방도가 되고 서울에서 부산을 관통하는 도로라면 국도가 된다.

이렇게 국도와 지방도는 주요 교통기능이 되어 여기에 접한 땅은 반사적 이익은 볼수 있지만 도로교통 기능에 저해가 된다면 오히려 개발을 못하게 되는 경우도 많다. 이와 관련된 규제 사항들은 '도로와 다른 시설의 연결에 관한 규칙'에서 상세히 다루고 있다.

농어촌도로 정비법

이 법은 농어촌도로의 개설, 확장 및 포장과 보전에 관한 사항을 규정함으로써 농어촌지역 주민의 교통 편익과 농수산물의 생산·유통을 향상시켜 농어촌지역의 생활환경 개선과 경제의 활성화에 기여함을 목적으로 한다.

"농어촌도로"란 「도로법」에 규정되지 아니한 도로(읍 또는 면 지역의 도로만 해당한다)로서 농어촌지역 주민의 교통 편익과 생산·유통활동 등에 공용되는 공로 중 고시된 도로를 말한다.

사진 농어촌도로 전경

 # 사도법

> **사도법2조**
> "**사도**"란 다음 각 호의 도로가 아닌 것으로서 그 도로에 연결되는 길을 말한다. 다만, 제3호 및 제4호의 도로는 「도로법」 제50조에 따라 시도 또는 군도이상에 적용되는 도로 구조를 갖춘 도로에 한정한다.
> 1. 「도로법」 제2조제1호에 따른 도로
> 2. 「도로법」의 준용을 받는 도로
> 3. 「농어촌도로 정비법」 제2조제1항에 따른 농어촌도로
> 4. 「농어촌정비법」에 따라 설치된 도로

　법문 1, 2, 3 ,4호에서 보는 바와 같이 사도법에 의한 사도를 개설하기 위해서는 우선 도로법에 띠른 도로, 도로법의 준용을 받는 도로, 농어촌도로정비법에 따른 농어촌도로, 농어촌정비법에 따라 설치된 도로가 존재하여 그 도로에 연결되는 길을 말한다(연결하는 도로는 법문의 1, 2, 3, 4호의 도로가 아닐 것). 사도는 현황도로나 사실상의 도로에 연결은 불가하다.

　예전에는 사도법2조에 1, 2호만 있어 이로 인해 민원이 많이 발생했다. 「도로법」에 따른 도로나「도로법」의 준용을 받는 도로에 연결하는 사도개설허가만 가능했기에 골프장 인허가 시 골프장까지 진입하기 위해 사도개설 허가를 받기 위해서는 도로법에 따른 도로가 존재하여야 했다. 하지만 골프장은 대부분 외곽지역에 건설하는 경우가 많은 관계로 해당 지역이 면·리 지역이 많았다. 이 농촌 특성상 도로법의 도로는 거의 존재하지 않고 농어촌 정비법에 따른

[**PART 11** 도로법]

도로가 존재하는 경우가 많기에 사도개설 허가 자체를 넣을 수가 없는 것이다. 법에서 도로법에 따른 도로에만 연결하라고 명시하고 있었고 그 때 당시에 농어촌정비법에 따른 도로는 사도연결허가 대상도로가 아니었다. 많은 민원이 발생할 수밖에 없는 것이다. 이후 사도법이 개정되어 농어촌 정비법의 도로가 추가되면서 민원도 현저히 줄어들었다.

맹지나 폭이 좁은 도로에 접한 토지를 개발・건축하고자 하거나 농로나 임도를 전용하여 건축개발 하고자 할 때 6호 이상 가옥이 사용되는 현황도로가 규모에 미달하여 도로로 인정받지 못할 경우에 별도의 사도개설허가를 받아 개발목적을 달성할 수도 있다. 또한 5호 이내 공공의 통행으로 사용하는 현황도로는 시군구청장이 사도법의 도로로 지정 가능하다.

한 가지 유의할 점은
사도개설허가 받은 사도법상의 사도와 사실상 사도는 다르다는 점을 꼭 기억하라.

사진 사도법상 사도

사진 사실상 사도

도로부지 투자 특급노하우

도시계획시설로 도로예정지라면 수용의 관점에서 보상액을 평가해야하며 현실적으로 도로가 개통되어 있다면 미불용지 개념으로 접근한다.

도로 예정지가 지목이 '도로'이거나 지목과 관계없이 현실도로로 쓰고 있다면 보상시 불이익이 있을 수 있다. 도로는 인근 토지 평가액의 1/3 또는 1/5이 보상되기 때문이다.

사도법상 사도가 수용당하면 보상가는 인근 토지평가액의 1/5 이다. 만약 이 땅이 경매 나온다면 경매감정가가 1/3일 수 있으나 이 토지를 보상할 때의 보상감정가는 1/5이다. 주의해야 한다.

사실상 사도는 인근 토지평가액의 1/3이 보상된다.

> **공익사업을 위한 토지 등의 취득 및 보상에 관한 법률 시행규칙 제26조**
> ① 도로부지에 대한 평가는 다음 각호에서 정하는 바에 의한다.
> 1.「사도법」에 의한 사도의 부지는 인근토지에 대한 평가액의 5분의 1 이내
> 2. 사실상의 사도의 부지는 인근토지에 대한 평가액의 3분의 1 이내

화체이론

도로는 인근 토지평가액 보다 훨씬 낮게 보상되는데 이런 원리는 화체(化體)이론이 뒷받침한다.

화체란 도로 등의 경우 사용가치는 크나 교환가치는 거의 없어 그 자체로는 큰 효용을 가지지 못하지만, 다른 토지의 효용 증진에 기여하는 현상을 말한다. 화체이론이란 이렇게 도로가 주변 토지의 효용을 높여주었기 때문에 토지수용 시 다시 도로까지 정상평가하면 이중의 가치가산이 되므로 도로를 감액하여 평가하는 것이 타당하다는 이론이다.

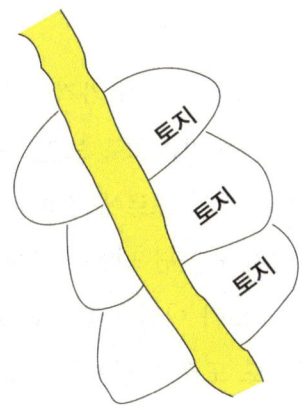

현황도로로 사용하는 도로를 낙찰 받아 보상을 받은 실제 사례이다. 경매 감정평가는 도로임을 감안하여 1/3로 평가된 금액으로 감정평가를 하였고 이에 유찰된 금액에 낙찰을 받아 화체이론을 역으로 이용하여 높은 가격으로 보상을 받은 사례이다.

사도법으로 사도개설 받은 도로는 사도법상 사도임이 너무도 명백하여 인근 토지평가액의 1/5을 보상받음에 별 의의가 없다. 하지만 사실상 사도는 이해득실을 잘 따져봐야 한다.

사실상 사도에 접한 어딘가에서 이것을 도로로 인정하여 건축행위가 있으면 사실상 사도가 맞다. 그러나 현황도로가 있지만 인접 땅을 개발하는 건축법상 건축행위를 충족시키지 못한다면 땅은 도로가 아니다.

해당 현황도로는 경매 감정시에 도로로 평가해서 감가를 하였다. 하지만 이것은 어디까지나 경매 감정의 얘기다. 이 현황도로가 도로 기능을 가지고 옆의 땅에 이익을 줬다면 도로로 판단하여 감가를 하는 것이 맞다. 하지만 옆 땅에 이익을 줬다는 근거가 없다면 보상 감정은 다르게 평가돼야 한다.

원래는 맹지인데 도로 덕분에 토지 가격이 올랐으니 도로 가격은 내려가야 한다는 화체이론을 기준으로 보면, 보상할 때 도로를 1/3로 평가했다는 것은 주변 땅은 도로에 접하는 것이니 맹지가 아니라는 뜻이다. 이렇게 맹지가 아닌 땅을 보상시에 맹지로 평가했다는 것은 이 현황도로가 도로가 아님을 의미한다. 즉 도로가 아닌 일반부지로 보상해야 함에도 도로로 감가하여 보상한다는 것은 화체이론에 모순되는 일이다. 실제 이렇게 반박하여 일반부지로 보상을 받았다. 경매 감정은 도로로 감정하였기에 낮은 금액으로 낙찰 받은 후 일반부지로 보상을 받아 큰 차익 실현을 가져 온 사례이다.

하천부지 투자 특급노하우

지목이 '하천'인 땅이 경매에 나왔다.

이 땅을 낙찰 받으면 무조건 수용될까? 도로처럼 부당이득반환소송 판결에 의해

낙찰자에게 지료를 지급하다 해당 지자체의 예산 편성 번거로움으로 보상을 하고 수용을 할까?

하천은 잘 따져봐야 한다.

보상을 받는 하천이 있는 반면 아무짝에도 쓸모없는 하천도 있기 때문이다.

지목이 '전'인 땅이 지역적 특성상 물이 자주 범람하여 지속적인 농사가 불가능한 곳이 있다. 장마철마다 범람하는 탓에 농사를 망치기 일쑤인 것이다. 자연현상으로 인한 피해로 제대로 된 농사를 짓지 못하는 민원의 영향으로 지목을 '전'에

'하천'으로 바꿔주는 경우가 있다. 국가가 지목을 두는 이유는 토지를 분류하여 세금을 부과하는 기준으로 삼을 목적인데 지목을 '하천'으로 바꿔주면 소유자는 보유과세 등 세금 혜택을 받게 되는 것이다.

이렇게 지목을 바꾼 땅이 경매로 나왔다면? 아무짝에도 쓸모없다. 수용되는 게 아닌 것이다.

그렇다면 어떤 경우에 하천을 수용할까?

기반시설은 도로·공원·시장·철도 등 도시주민의 생활이나 도시기능의 유지에 필요한 물리적인 요소로 『국토의 계획 및 이용에 관한 법률』에 의해 정해진 시설을 말하는데 많은 비가 오면 물이 빠져나가야 도시가 물에 잠기지 않으므로 하천도 기반시설이다. 이런 기반시설 중에서 도시관리계획으로 결정되어 고시된 것을 도시계획시설이라 한다.

즉 자연하천은 기반시설인데 도시관리계획을 거친 하천은 도시계획시설인 것이다.

이렇게 도시계획시설로 고시된 하천부지는 토지이용계획확인서에 표기된다. 현장에 가 보면 실제 하천이 흐르고 있다.

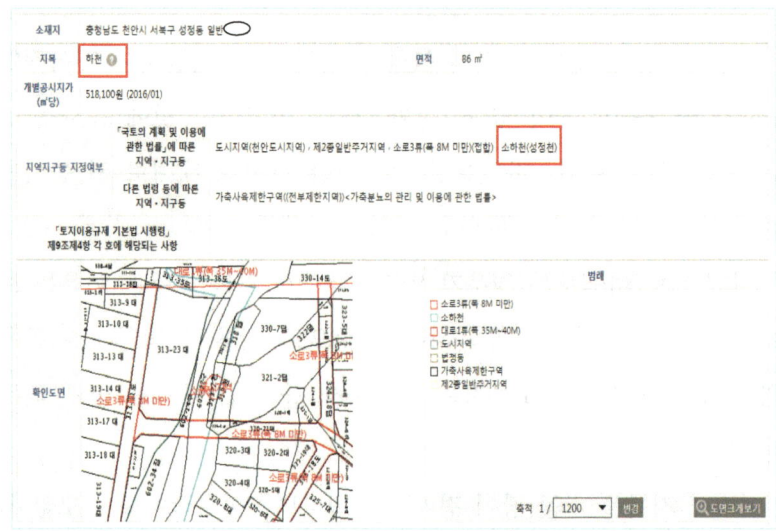

사진 28 도시계획시설 하천

이렇게 도시계획시설인 하천은 하천 폭을 넓히고 제방을 쌓으면서 하천을 정비하는데 예산부족으로 제방 쌓을 부지는 먼저 보상을

[PART 11 도로법]

하고 하천에 속하는 부지는 보상을 안 하게 되는 일이 발생한다. 일종의 미불용지다.

또한 보상을 하려해도 특수한 사정으로 보상이 안 된 경우도 있다.
과거 정부에서 4대강 정비사업을 하며 지천관리 사업예산을 확충하여 수용보상 예산이 집행되었다. 보상을 쭉 이어 나가다가 가압류 등 채무관계가 복잡하게 얽힌 것들은 보상에서 제외되고 나머지는 보상이 진행되었다. 이렇게 보상에서 제외된 개인소유 땅은 채권자의 신청에 의해 경매·공매 나오게 된다.
이 하천을 낙찰 받는다면 보상가는 얼마일까?
하천은 인근 토지평가액의 1/3 보상이 원칙이지만 도시계획시설로 고시되기 전 기반시설일 당시 양호한 전 답이었다면 하천의 감가적용을 하지 않는다. 공법상 제한이 당해 공익사업의 시행을 직접 목적으로 하여 가하여진 경우에는 제한이 없는 상태를 상정하여 평가한다는 법률에 의해서다.

경매감정가는 인근 토지평가액의 1/3로 감가를 해서 진행되었어도 현장에 가보니 이 땅이 제방 안쪽이지만 실제 물은 저쪽에서 흐르고 있고 평소에는 이곳에 물이 흐르지 않는다면 보상시에는 감가를 하지 않는다. 일반 '전'으로 평가해야 한다.
하지만 현장에 가보니 물이 반쯤 걸쳐 흐른다면 이때는 보상시에도 1/3로 감가를 한다.

하천투자 포인트!

첫째, 도시계획시설의 하천인지 살펴라 – 기반시설인 하천도 많다. 하천 정비사업계획이 없다면 수용당하지 못한다.

둘째, 하천정비 사업이 진행되고 있는지 지자체에 알아봐라 – 실제 도시계획시설의 하천이라 할지라도 지정만 해놓고 예산 부족으로 사업이 언제 진행될지 기약 없는 곳도 많다.

PART 12

농지법, 농어촌 정비법

- 농지란 무엇인가?
- 농지취득자격증명원
- 자경의 원칙
- 처분명령을 조심할 것
- 농지의 구분
- 행위제한
- 그 공장이 아니야
- 농업인주택
- 농지의 전용
- 농지전용이 불가능한 경우도 있다
- 기존 농지전용여부를 꼭 살펴라
- 농지 타용도 일시사용허가
- 생활환경정비사업 대상인지 살펴라
- 종전 신고인의 지위 승계여부

농지란 무엇인가?

　농지란 전·답, 과수원, 그 밖에 법적 지목을 불문하고 실제로 농작물 경작지 또는 다년생식물 재배지로 이용되는 토지와 토지의 개량시설 및 농지위에 설치하는 농축산물 생산시설을 말한다.

　여기서 다년생 식물이란

> 1. 목초·종묘·인삼·약초·잔디 및 조림용 묘목
> 2. 과수·뽕나무·유실수 그 밖의 생육기간이 2년 이상인 식물
> 3. 조경 또는 관상용 수목과 그 묘목(조경목적으로 식재한 것을 제외한다)

　농축산물 생산시설이란 다음을 말한다.

> 1. 고정식온실·버섯재배사 및 비닐하우스와 그 부속시설
> 2. 축사·곤충사육사와 그 부속시설
> 3. 간이퇴비장
> 4. 농막·간이저온저장고 및 간이액비저장조

> **주의** ⚠
> **농지에 포함되지 않는 것**
> 1. 지목이 전·답, 과수원이 아닌 토지(지목이 임야인 토지는 제외한다)로서 농작물 경작지 또는 다년생식물 재배지로 계속하여 이용되는 기간이 3년 미만인 토지
> 2. 지목이 임야인 토지로서 「산지관리법」에 따른 산지전용허가를 거치지 아니하고 농작물의 경작 또는 다년생식물의 재배에 이용되는 토지
> 3. 「초지법」에 따라 조성된 초지
> ※ 실무상 지목과 상관없이 농지원부에 등재된 토지는 농지로 본다.

농지취득자격증명원

해당 농지를 취득하기 위해서는 농지취득자격증명원(농취증)을 발급받아 제출해야 한다. 농취증이란 농지매수인의 농민 여부, 자경 여부 및 농지소유상한 이내 여부 등 농지소유 자격과 소유상한을 확인하고 심사하여 적격 농민에게만 농지의 매입을 허용함으로써 비 농민의 투기적 농지매입을 방지하기 위해 만든 제도이다. 농지 소재지를 관할하는 시·구·읍·면장에게 발급을 신청해야한다. 주말·체험영농을 하려는 자는 총 1,000㎡ 미만의 농지를 소유할 수 있으므로 1,000㎡가 안 되는 농지를 경매로 받았다면 주말·체험영농으로 신청으로 농업경영계획서 없이 편하게 농취증을 발급받을 수 있다. 이 경우 면적 계산은 그 세대원 전부가 소유하는 총면적으로 하며 주·상·공업지역에 소유하고 있는 농지 면적까지도 합산되어 1,000㎡를 계산하게 된다.

농취증은 매각기일로부터 6일 이내 제출해야 하는데 화요일에 최고가매수인으로 선정되었다면 그 다음 주 월요일까지 제출해야 하며 농취증 발급은 7일 기간이 소요됨을 염두 하여 서둘러 농취증을 신청해야 한다. 농취증은 각 요건에 적합한지의 여부를 확인하여 이에 적합한 경우 신청인에게 발급한다. 만약 해당 매각기일로부터 6일 이내 농취증을 제출해야 하지 못하면 매각불허가가 결정이 나며 입찰보증금은 몰수되게 된다. 일반적으로 매각불허가 결정이 나면 입찰보증금이 반환되는 것과 다르다. 발급 신청을 하고 발급이 지연되어 대기 중 매각 결정일이 도래한다면 매각결정일 전에 매각허가 연기 신청을 하여야 한다.

따라서 농취증 발급요건을 미리 알아두는 것이 중요하다.

또한 토지거래허가구역 안의 농지를 경매로 취득하는 경우 토지거래허가를 받지 않아도 되나 농지 위원회 심의 대상이 된다는 점을 기억하여야 한다. 또한 본인이 거주하는 시군구나 인접 시군구 밖에 농지를 취득하는 경우도 농지 위원회 심의 대상이 된다. 농지위원회 심의 대상의 경우 농취증 발급기간은 14일이 되므로 경매입찰 전 반드시 사전 심의를 신청하여 입찰에 참가 하여야 한다.

* 농취증 발급 요건
1. 취득요건에 적합할 것
2. 농업인이 아닌 개인이 주말·체험영농에 이용하고자 농지를 취득하는 경우에는 신청 당시 소유하고 있는 농지의 면적에 취득하려는 농지의 면적을 합한 면적이 농지의 소유상한 이내(1,000㎡)일 것, 농업진흥지역은 주말체험농장으로 농지의 취득이 불가능하다는 것도 고려해야 한다.
3. 농업경영계획서를 제출하여야 하는 경우에는 그 계획서에 같은 항 각 호의 사항이 포함되어야 하고, 그 내용이 신청인의 농업경영능력 등을 참작할 때 실현가능하다고 인정될 것 주로 큰 평의 농지 낙찰시는 농업을 위한 농기계보유현황 구비서류를 잘 작성하여야 한다.
4. 신청인이 소유농지의 전부를 타인에게 임대 또는 사용대하거나 농작업의 전부를 위탁하여 경영하고 있지 않아야 하므로 보유농지 전부를 타인에게 임차한 자는 농지 입찰에 참여하지 말아야 한다.
5. 신청당시 농업경영을 하지 아니하는 자가 자기의 농업경영에 이용하고자 하여 농지를 취득하는 경우에는 해당 농지의 취득 후 농업경영에 이용하려는 농지의 총면적이 다음 각 목의 어느 하나에 해당해당하여야 한다.

가. 고정식온실·버섯재배사·비닐하우스·축사 그 밖의 농업생산에 필요한 시설로서 농림축산식품부령으로 정하는 시설이 설치되어 있거나 설치하려는 농지의 경우: 330제곱미터 이상
나. 곤충사육사가 설치되어 있거나 곤충사육사를 설치하려는 농지의 경우: 165제곱미터 이상
다. 가목 및 나목 외의 농지의 경우: 1천제곱미터 이상

꼭 알아보아라

농취증의 발급기준이 법으로 명시돼 있다고는 하지만 해당 토지의 현황이나 심사를 담당하는 공무원의 판단기준에 따라서도 약간의 차이가 있을 수 있다. 이에 실무적으로 거리가 너무 먼 경우 농취증이 발급되지 않을 가능성이 있다. 울산에 있는 사람이 과천의 농지를 낙찰 받는 경우 등이 그 예이다.

또한 신청인의 농업경영능력 등을 참작할 때 실현가능하다고 인정되어야 농취증이 발급된다. 경매로 낙찰 받은 농지가 10,000㎡인데 신청인이 이렇게 넓은 면적을 농사지을 만한 능력이 되지 않는다고 판단되면 농취증이 발급되지 않을 수 있다. 이런 경우 농업경영계획서 작성 시 경운기, 트렉터 등 사용 가능한 농기구 등을 언급하고 이에 대한 증빙으로 관련 농기구의 임대차 계약서 또는 사용대차 계약서를 첨부하여 농사짓는데 무리가 없다는 담당자의 판단을 이끌어 내야한다.

한 가지 더 주의 할 점은 농지를 소유하고 있는 자가 그 소유농지 전부를 타인에게 임대하고 있으면서 경매로 농지를 추가 취득하는

경우는 위험하다. 농지 전부를 임대차하고 있는 사실이 밝혀질 경우 농취증이 발급되지 않아 입찰보증금을 몰수당할 수 있다.

이처럼 농지 경매에 있어서는 물건에 대한 권리분석 못지않게 중요한 것이 농취증 문제이다. 따라서 농지를 입찰하고자 할 때에는 미리 해당 관청의 농지 담당자를 만나 해당토지의 현황 및 여러 제반 상황을 상세히 설명해주고 본인이 농취증을 발급 받을 수 있을지 여부를 꼭 확인해야 한다.

사건	2016타경7102 부동산임의경매	매각물건번호	2	담임법관(사법보좌관)
작성일자	2016.12.20	최선순위 설정일자	05.6.7.근저당권	
부동산 및 감정평가액 최저매각가격의 표시	부동산표시목록 참조	배당요구종기	2016.10.18	

부동산의 점유자와 점유의 권원, 점유할 수 있는 기간, 차임 또는 보증금에 관한 관계인의 진술 및 임차인이 있는 경우 배당요구 여부와 그 일자, 전입신고일자 또는 사업자등록신청일자와 확정일자의 유무와 그 일자

점유자의 성명	점유부분	정보출처 구분	점유의 권원	임대차 기간 (점유기간)	보증금	차임	전입신고일자,사업자등록신청일자	확정일자	배당요구 여부 (배당요구 일자)
조사된 임차내역 없음									

< 비고

※ 최선순위 설정일자보다 대항요건을 먼저 갖춘 주택,상가건물 임차인의 임차보증금은 매수인에게 인수되는 경우가 발생할 수 있고, 대항력과 우선 변제권이 있는 주택,상가건물 임차인이 배당요구를 하였으나 보증금 전액에 관하여 배당을 받지 아니한 경우에는 배당받지 못한 잔액이 매수인에게 인수되게 됨을 주의하시기 바랍니다.

※ 등기된 부동산에 관한 권리 또는 가처분으로서 매각으로 그 효력이 소멸되지 아니하는 것

해당사항 없음

※ 매각에 따라 설정된 것으로 보는 지상권의 개요

해당사항 없음

※ 비고란

지적도상 맹지, 농지취득자격증명원 제출요함 (미제출시 매수보증금 몰수)

사진 19 매각물건명세서에 표기된 '농취증 제출요함'

[**PART 12** 농지법, 농어촌 정비법]

 자경의 원칙

　농지는 농업인 또는 농업법인이 농업 경영에 이용하거나 이용한 자가 아니면 소유하지 못하며 자경의 원칙에 의하여 영농을 영위하지 않는 자는 이를 취득하여 소유할 수 없다.
　"자경(自耕)"이란 농업인이 그 소유 농지에서 농작물 경작 또는 다년생식물 재배에 상시 종사하거나 농작업의 2분의 1 이상을 자기의 노동력으로 경작 또는 재배하는 것과 농업법인이 그 소유 농지에서 농작물을 경작하거나 다년생식물을 재배하는 것을 말한다.

농업인의 범위

> 1. 1천제곱미터 이상의 농지에서 농작물 또는 다년생식물을 경작 또는 재배하거나 1년 중 90일 이상 농업에 종사하는 자
> 2. 농지에 330제곱미터 이상의 고정식온실·버섯재배사·비닐하우스, 그 밖의 농림축산식품부령으로 정하는 농업생산에 필요한 시설을 설치하여 농작물 또는 다년생식물을 경작 또는 재배하는 자
> 3. 대가축 2두, 중가축 10두, 소가축 100두, 가금 1천수 또는 꿀벌 10군 이상을 사육하거나 1년 중 120일 이상 축산업에 종사하는 자
> 4. 농업경영을 통한 농산물의 연간 판매액이 120만원 이상인 자

처분명령을 조심할 것

농지를 취득·유지 위해서는 농업인의 요건을 갖추고 성실히 자경을 하여야 한다.

농지 소재지 구청장·읍장·면장·동장은 한국농어촌 공사의 협조를 받아 9월 1일부터 11월 30일 사이에 농지조사를 한다. 휴경이나 임대차 등의 사실 확인은 매년 9월 1일을 기준으로 하여 특히 농지원부 및 직불금 지급 대상자 명단을 참고하여 타 시·군 및 타 시·도 거주자 명의의 소유 농지는 집중 조사한다. 수시조사, 특별조사도 할 수 있다. 이를 통해 해당 농지의 농업경영 여부를 파악하는데 이는 농지를 효율적으로 이용·관리하지 않는 해당 농지처분을 통지하기 위함이다. 농지 소유자는 다음 각 호의 어느 하나에 해당하게 되면 그 사유가 발생한 날부터 1년 이내에 해당 농지를 처분하여야 한다.

1. 소유 농지를 자연재해·농지개량·질병 등 대통령령으로 정하는 정당한 사유 없이 자기의 농업경영에 이용하지 아니하거나 이용하지 아니하게 되었다고 시장·군수 또는 구청장이 인정한 경우
2. 농지를 소유하고 있는 농업회사법인이 제2조제3호의 요건에 맞지 아니하게 된 후 3개월이 지난 경우
3. 교육연구농지를 취득한 자가 그 농지를 해당 목적사업에 이용하지 아니하게 되었다고 시장·군수 또는 구청장이 인정한 경우
4. 주말체험 농지를 취득한 자가 자연재해·농지개량·질병 등 대통령령으로 정하는 정당한 사유 없이 그 농지를 주말·체험영농에 이용하지 아니하게 되었다고 시장·군수 또는 구청장이 인정한 경우
5. 농지전용허가·신고 농지를 취득한 자가 취득한 날부터 2년 이내에 그 목적사업에 착수하지 아니한 경우
6. 농지 소유 상한을 초과하여 농지를 소유한 것이 판명된 경우

7. 거짓이나 그 밖의 부정한 방법으로 농지취득자격증명을 발급받아 농지를 소유한 것이 판명된 경우(이 경우는 처분 통지 없이 바로 처분 명령을 받아 6月내 처분하여야 한다)
8. 자연재해·농지개량·질병 등 정당한 사유 없이 농업경영계획서 내용을 이행하지 아니하였다고 시장·군수 또는 구청장이 인정한 경우

경작 신경 쓰자

농지를 매수하거나 경매로 낙찰 받아 농지 소유자가 되었다면 경작에 특히 신경을 써야 한다. 만약 경작하지 않는 사실을 시·군·구에서 인정하여 처분 통지서를 발송하면 1년 이내에 해당 농지를 처분해야 하며 이 시기에 처분이 이행되지 않으면 다시 처분명령을 하는데 이 명령을 받은 지 6개월이 지나도록 처분하지 않으면 농지감정가의 25%에 해당하는 이행강제금을 매년 부과한다. 소유자는 이 기간 안에 농지를 매도하고자 하더라도 농지의 특성상 쉽게 처분이 이루어지지 않는 경우가 많고 가격을 현저히 낮춰 처분할 수밖에 없어 손실이 크다. 처분명령을 받은 농지는 한국농어촌공사에 매수청구를 할 수 있는데 이 때 농어촌공사에서 매수하는 기준은 공시지가이다. 인근 지역의 실제 거래 가격이 공시지가보다 낮으면 실제 거래 가격을 기준으로 매수할 수 있다. 이래저래 손실이 클 수밖에 없다.

따라서 소유농지의 경작에 특히 신경을 쓰고 만약 경작하지 않은 사실을 시군구에서 인정하여 처분통지를 발송한 경우 해당 청문일에 꼭 참석, 관청에 성실 경작을 약속하여 처분명령유예를 받아야 한다. 처분통지 및 청문 통지 등은 주민등록 주소지로 발송되는데 이사 등으로 주소관리를 제대로 하지 않아 수취인 불명으로 처분통

지를 할 수 없는 때에는 농지법시행규칙 8조2항의 규정대로 그 내용을 시·군·구청의 게시판에 14일 이상 공고함으로써 처분통지에 대신할 수 있다. 이 경우 본인이 처분통지가 공고 되었다는 사실을 모른 채 처분유예기간이 도과하여 처분명령이 발생하고 이행강제금까지 부과되는 상황에 직면하지 않도록 실제 거주하며 우편을 수령할 수 있는 주소가 주민등록주소에 등록되어 있도록 주소 관리를 잘하도록 하자.

처분통지를 수령한 경우 해당 청문일에 반드시 참석을 하여 성실 경작할 것을 적극 표명하고 처분명령유예처분을 받아 성실 경작을 하도록 하자. 처분의무기간이 지난날로부터 3년간 처분명령을 유예하므로 실질적으로 4년을 경작해야 한다.

처분명령의 유예(농지법12조)
① 시장·군수·구청장은 처분의무 기간에 처분 대상 농지를 처분하지 아니한 농지 소유자가 다음 각 호의 어느 하나에 해당하면 처분의무 기간이 지난 날부터 3년간 처분명령을 직권으로 유예할 수 있다.
1. 해당 농지를 자기의 농업경영에 이용하는 경우
2. 한국농어촌공사나 그 밖에 대통령령으로 정하는 자와 해당 농지의 매도 위탁계약을 체결한 경우
② 시장·군수 또는 구청장은 처분명령을 유예 받은 농지 소유자가 처분명령 유예 기간에 제1항 각 호의 어느 하나에도 해당하지 아니하게 되면 지체 없이 그 유예한 처분명령을 하여야 한다.
③ 농지 소유자가 처분명령을 유예 받은 후 처분명령을 받지 아니하고 그 유예 기간이 지난 경우에는 처분의무에 대하여 처분명령이 유예된 농지의 그 처분의무만 없어진 것으로 본다.

주의할 점은 농지취득 자격증명 발급이 최초부터 허위, 부정 방법의 발급인 경우 처분 통지 절차없이 처분 명령의 절차로 진행되므로 경매 입찰시 유의 하여야한다.

[PART 12 농지법, 농어촌 정비법]

농지의 구분

　농지의 투자가치는 토지이용계획확인서의 행위제한을 봐야 한다. 당해 농지가 국토계획법상의 용도지역 상의 행위제한과 농지법상의 행위제한을 이중으로 받는 경우가 많기 때문이다. 농지는 농업진행지역과 그 외의 농지로 구분된다.

```
                                        농업진흥구역
         농업진흥지역
                                        농업보호구역

         그 외 농지(일반농지)
```

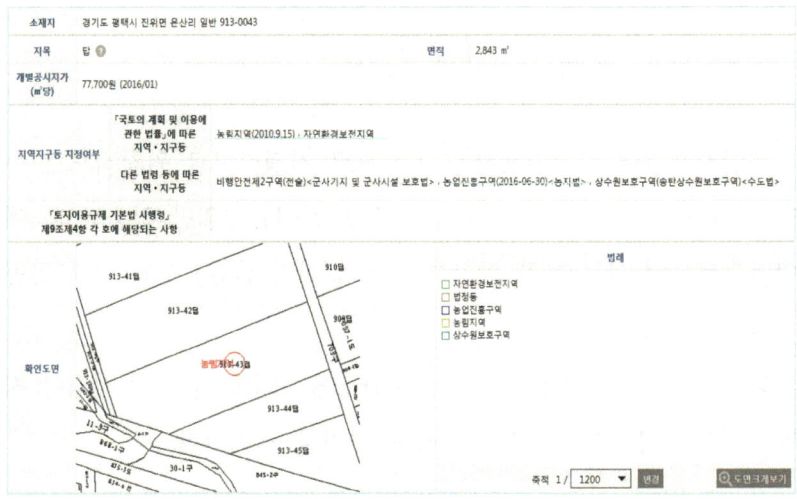

 **행위제한**

　행위제한은 농업진흥지역으로 지정된 지역 내의 모든 토지(비농지 포함)에 대하여 적용된다. 농업보호구역 내 지목이 '대'인 토지여도 농지법의 행위제한 적용을 받는다는 뜻이며 진흥지역 내 행위제한 면적은 농지와 비농지를 모두 합산하여 적용한다. 따라서 농업진흥지역의 '대'인 토지를 지목만 보고 용도지역에 따라간다는 것은 매우 위험한 생각이다.

　건물 건축 등 시설물 설치행위 뿐만 아니라 당해 시설을 사용하는 행위(예:음식점 영업)에 대하여도 농지법의 대상이며 농지법상 용도변경승인 기간이 경과되어도 계속 적용된다.

행위제한의 원칙

　농업진흥구역은 농업생산을 목적으로 지정하므로 원칙적으로 농업 생산 및 농지개량과 직접 관련된 토지이용행위만 허용하되, 예외적으로 농수산물 가공 처리시설 등 농어촌 산업시설과 일부 공공시설 등만 허용한다.

　농업보호구역은 진흥구역의 농업환경을 보호하기 위해 지정한 지역이므로 환경오염 물질 배출시설 설치를 제한한다.

　농지법에서는 농업진흥지역에 대해 농업진흥구역 안에서 할 수 있는 행위와 농업보호구역 안에서의 행위제한 두 가지의 행위제한에 대해 명백하게 규정하고 있지만 농업진흥지역 밖의 농지에 대해서는 이렇다 할 언급이 없다. 이는 농업진흥지역은 농업 진흥목적에 충실하기 위해 농지를 보호하고자 개별법인 농지법에서 별도의 행위제한을 규정하고 있지만 같은 농지라도 농업진흥지역 밖의 일반 농지는 국토의 계획 및 이용에 관한 법률에 의해 일반적인 행위제한(건폐율·용적률 및 건축할 수 있는 건축물의 제한)만을 받는다. 즉 관리지역의 농지라면 국토계획법상 관리지역에서 할 수 있는 건축물의 용도 및 건폐율 용적률을 보아 건축행위를 할 수 있지만 농업진흥구역(또는 농업보호구역)이라면 이는 농지법에서 해당 행위를 허가하고 있는지 여부까지 살펴야 한다는 얘기다.

[왕교수가 알려주는 부자되는 100억 경매]

🏠 그 공장이 아니야

이번에는 농지법에서 조심해야 할 공장용지에 대해 말을 하겠다. 해당 물건은 용도가 '공장'이며 지목도 '장'(공장용지)이다. 누가 봐도 공장용지와 공장건물이 경매로 나왔고 이를 공장용도로 활용할 목적으로 입찰을 할 것이다. 하지만 간과하면 큰일 날 사실이 있다.

바로 해당필지가 농업진흥구역이라는 것이다. 지목이 공장용지이므로 이를 곧이 곧대로 믿고 모든 공장으로 활용할 수 있겠구나 라고 생각하면 큰일 난다. 이곳은 농지법상 농업진흥구역에서 허락하고 있는 시설의 공장으로만 사용할 수 있는 것이다. 농지법 제32조에서 농업진흥구역에서는 농업 생산 또는 농지 개량과 직접적으로 관련되지 아니한 토지이용행위를 할 수 없다고 규정하고 있다. 다만, 일부 예외적으로 허용하고 있는 행위들이 열거 되어 있는데 대통령령으로 정하는 농수산물(농산물·임산물·축산물·수산물을 말한다)의 가공·처리 시설의 설치 및 농수산업(농업·임업·축산업·수산업을 말한다) 관련 시험·연구 시설의 설치는 가능하다고 명시하고 있다. 이에 해당 공장은 이 조건에 맞는 시설만이 들어올 수 있는 것이다.

가공되지 아니한 농수산물을 직접원료로 가공하는 시설이므로 이미 1차 가공 절차를 거친 쌀, 밀가루, 고춧가루, 젓갈, 메주 등을 원료로 하여 가공하는 시설은 설치 할 수 없다. 예를 들어 미곡처리장은 가능해도 쌀을 이용한 누룽지 공장은 불가능하다는 뜻이다. 지목이 '공장용지'이지만 일반적으로 생각하는 공장의 개념과 상당한 차이가 있으므로 반드시 유념해야 한다.

 농업인주택

  농업인주택은 농업진흥구역 내의 농지에서도 주거용 집을 지을 수 있고 농지 전용시에 납부하는 농지보전부담금을 전액 면제해 주는 장점이 있다.
  농업진흥구역에서 농업인주택을 짓기 위해서는 대인조건과 대물조건 모두 부합해야 한다.

  대인조건은 농업인 또는 어업인 1명 이상으로 구성되는 농업·임업·축산업 또는 어업을 영위하는 세대로서 해당 세대의 농·임·축산·어업에 따른 수입액이 연간 총수입액의 2분의 1을 초과하며 해당 세대원의 노동력의 2분의 1 이상으로 농·임·축산·어업을 영위하는 세대의 세대주가 설치하는 것이다.

  대물조건은 농지를 전용하여 농어업인 주택을 설치하는 경우에는 그 전용하려는 면적에 해당 세대주가 그 전용허가신청일 또는 협의신청일 이전 5년간 농어업인 주택의 설치를 위하여 부지로 전용한 농지면적을 합산한 총면적이 1세대 당 660㎡ 이하여야 한다. 이는 5년간 합산면적이 660㎡ 이하라는 뜻으로 작년에 330㎡를 지었으면 올해 330㎡ 면적만 가능하다는 뜻이다.(별장, 고급주택을 제외)
  또한 농·임·축산·어업 경영의 근거가 되는 농지·산림·축사 또는 어장 등이 있는 시·구·읍·면 또는 이에 연접한 시·구·읍·면 지역에 설치하는 것이어야 한다. 만약 경매에서 일반인이 농업진흥구역 내 농업인 주택을 낙찰 받게 되면 잔금납부 시 소유권은 취득하게 되나 농지법 위반 및 건축법 위반의 불이익을 받게 될 수 있다. 농업인주택을 일반주택으로 사용한 부분에 대한 책임을 묻는 것이다.

 농지의 전용

　농지전용이란 농지를 농작물의 경작 또는 다년생 식물의 재배 등의 농업 생산 또는 농지개량행위 외의 목적에 사용하는 것을 말하며 농지를 전용하고자 하는 자는 해당 농지의 소재지를 관할하는 농지관리위원회의 확인을 거쳐 농림부장관의 허가를 받아야 하며 농지보전부담금을 납부해야 한다. 농지보전부담금이란 전·답·과수원 같은 농지를 개발하거나 건축물을 건축하고자 할 때 훼손되는 농지의 면적만큼 부담금을 납부해야 하는 금액을 말한다.

　농지보전부담금 = 개별공시지가 × 전용면적m^2 × 30%
　(m^2당 50,000원을 초과하는 경우 상한액을 50,000원으로 한다)

　농지법 40조에 따라 농지전용 절차를 거쳐 농지전용 목적사업에 사용되고 있거나 사용된 토지를 5년 이내에 다른 용도로 사용하려면 용도변경 승인을 받아야 한다.
　용도변경 승인은 타당한 이유가 있어야 하는 것으로 단순히 소유자가 변동되었음은 타당한 이유가 되지 않는다. 따라서 농지가 경매로 나온 경우 토지대장 등을 보아 지목이 전·답·과수원에서 현재의 지목으로 바뀌었다면 변경시점이 언제인지, 5년의 시간이 흘렀는지를 살펴 용도변경이 가능한지 여부를 따져봐야 한다.
　만약 5년 전이라도 타당한 이유로 용도변경 승인이 나는 경우 용도변경을 할 수 있으나 면제되거나 감면되었던 농지보전부담금을 납부하여야 한다.

5년이 경과하면 농지법에 따른 용도변경 승인 대상이 아니므로 다른 용도로 사용할 수 있다.

농업진흥지역(농지뿐만 아니라 잡종지, 대지 포함)은 농지전용이 되어 5년이 경과되어도 농업진흥지역의 행위제한 적용을 받아 다른 용도로 사용할 수 없다. 농업인 주택을 일반주택으로 사용할 수 없는 것이다. 또한 용도변경에 따라 동일 부지 내 시설별 부지면적이 진흥지역 내 허용제한 면적을 초과할 경우 용도변경승인이 불가능하다.

농지전용 허가권

농지구분	농림축산식품부장관	시 · 도지사	시장 · 군수 · 구청장
농업진흥지역 안의 농지	3만㎡ 이상	3천 ~ 3만㎡ 미만	3천㎡ 미만
농업진흥지역 밖의 농지	20만㎡ 이상	3만 ~ 20만㎡ 미만	3만㎡ 미만

농지전용허가는 해당 면적에 따라 허가권자가 다르다. 다만 도시지역의 편입이 예상되는 계획관리지역과 미래의 도시용지공급을 위한 목적인 자연녹지 지역은 농림보전 목적이 약하므로 해당 면적에 해당하더라도 농림축산식품부장관 대신 해당 지자체에서 농지전용을 허가를 한다.

농지전용이 불가능한 경우도 있다

관리지역이며 지목이 '답'인 농지를 낙찰 받아 이곳에 음식점을 지으려고 생각한 A씨. 관리지역의 특성상 음식점의 건축물 용도가 가능하여 별 문제가 없을 것이라 여겼다. 낙찰 받은 후 이리저리 알아보던 A씨에게 청천벽력 같은 소리가 들린다.

A의 농지는 농지전용 허가기준에 맞지 않아 농지전용이 불가능한 농지라는 것이다.

농지관리위원회의 농지전용 허가 확인 기준
- 전용하고자 하는 농지가 경지 정리 수리시설 등 농업생산기반이 정비되어 있는지의 여부
- 해당 농지의 전용이 농지개량시설 또는 도로의 폐지 및 변경이나 토지의 유출 폐수의 배출 악취의 발생 등을 수반하여 인근 농지의 농업경영과 농어촌 생활환경의 유지에 피해가 예상되는 경우에는 그 피해방지계획의 수립여부
- 전용목적사업이 용수의 취수를 수반하는 경우 그 시기 방법 수량 등이 농수산업 또는 농어촌 생활환경유지에 피해가 예상되는지의 여부

투자목적으로 농지를 낙찰 받는 경우 입찰하기 전에 해당 농지가 농지전용이 가능한 지 여부를 먼저 알아봐야 한다. 농지전용이 불가능하다면 아무리 싼 값이라도 낙찰 받을 필요가 없는 것이다.

농지전용허가는 받았더라도 타법에 저촉되거나 허가 등을 받지 못한 경우는 사업에 착수(시행)하지 못한다. 허가 조건에 타법에 의한 인허가를 받은 후 사업을 시행하도록 명시하고 있기 때문이다.

따라서 농지전용허가 여부, 타법의 저촉여부 등을 꼼꼼히 살펴야 한다.

 농지전용허가를 받았다면 전용허가지에 대한 분할 측량 및 경계를 명확히 하여 사업을 시행하며 사업완료 후에는 2개월 이내 전용면적에 대한 토지분할 및 지목변경을 하여야 한다. 만약 정당한 사유 없이 2년 이상 대지의 조성, 시설물의 설치 등 농지전용목적사업에 착수하지 않거나 착수한 후 1년 이상 공사를 중단한 경우 농지전용허가 취소처분이 될 수 있다(상대적 취소).

기존 농지전용여부를 꼭 살펴라

```
A농지  →  B낙찰
```

A소유 농지가 경매에 나오면 가장 먼저 알아봐야 할 사항은 농지 전용허가 여부와 농지임대차 여부다. 농지전용이 가능한 농지인지 알아보는 것과 함께 기존에 농지 전용허가를 받았는지 여부를 꼭 살펴야 한다는 말이다.

농지전용허가가 가능한 농지이면서 아직 농지전용허가가 되어 있는 않은 농지가 좋다. A의 농지전용허가가 살아있다면 낙찰자 B는 새로운 농지전용허가를 받을 수 없기 때문이다. 이런 경우 A의 농지전용허가를 미리 매입하고 낙찰을 받는 방법이 있는데 이 방법이 쉽지 않다면 해당 지자체에 농지전용허가 취소여부가 있는지, 이에 대해 진행 중인 행정절차가 있는지 사전에 알아봐야 한다.

농지 타용도 일시사용허가

농지를 전용허가 받지 않고 원상복구를 전제로 타용도 일시사용허가를 받아 사용하는 경우가 있다.

건축법에 의한 건축허가 또는 건축신고 대상 시설이 아닌 간이 농업시설과 농수산물의 간이처리 시설을 설치하는 경우, 주목적사업을 위하여 현장사무소 또는 부대시설 기타 이에 준하는 시설을 설치하거나 물건을 적치 매설하는 경우, 대통령령이 정하는 토석 및 광물을 채굴하는 경우가 이런 경우다.

경매 나오는 물건 중에 해당 농지위에 건물이 일시 사용되는 경우가 있다. 현장에 가보니 간이 농업시설 건물이 있는 경우 이 농지를 낙찰 받으면 건물까지 사용하는 것으로 알지만 이는 일정시점이 지나면 건물을 철거하고 토지를 원상회복해야 하는 경우가 발생한다. 따라서 해당 건물이 일시사용허가로 설치되었는지 여부를 지자체에 문의해야 한다.

일시전용으로 지목이 '대' '잡종지' 등으로 평가되는 경우에도 나중에 원상회복해야 한다. 일시전용은 기간이 3년을 넘길 수 없다. 물론 필요에 의해 연장신청을 할 수는 있지만 연장조건이 까다롭다. 농지가 잡종지로 사용 중이며 현장을 가보니 주차장도 있고 현장사무실 컨테이너 박스도 있다면 일시전용 된 농지가 아닌지 꼭 확인해야 한다.

생활환경정비사업 대상인지 살펴라

　농어촌정비법은 농업생산기반, 농어촌 생활환경, 농어촌 관광휴양자원 및 한계농지 등을 종합적·체계적으로 정비·개발하여 농수산업의 경쟁력을 높이고 농어촌 생활환경 개선을 촉진함으로써 현대적인 농어촌 건설과 국가의 균형발전에 이바지하는 것을 목적으로 한다.

　이 법에서 농어촌지역과 준농어촌지역의 생활환경, 생활기반 및 편익시설·복지시설 등을 종합적으로 정비하고 확충하며 농어업인 등의 복지를 향상하기 위한 농어촌 생활환경정비사업이 명시되어 있다. 시장·군수·구청장은 생활환경정비사업을 시행할 필요가 있으면 5년마다 생활환경정비계획을 세워「농업·농촌 및 식품산업 기본법」제15조에 따른 시·군·구 농업·농촌및식품산업정책심의회의 심의를 거쳐 시·도지사의 승인을 받아야 한다. 시·도지사로부터 생활환경정비계획의 승인을 받은 경우에는 대통령령으로 정하는 사항을 고시하고 일반인에게 열람하도록 하여야 한다(농어촌정비법54조).

　생활환경정비계획에는 사업의 목적과 기본방향, 농어촌마을의 건설·재개발·정비 등 개발에 관한 사항, 빈집 정비에 관한 사항, 치산녹화 등 국토보전시설의 정비·확충에 관한 사항, 농어촌 주택의 개량에 관한 사항, 도로·상·하수도·오·폐수처리시설 등 생활환경기반시설의 정비·확충에 관한 사항, 교육·문화·복지 시설의 정비·확충에 관한 사항, 농어촌 용수 및 배수 시설의 정비·개발, 농어촌마을 경관 및 자연환경의 보전에 관한 사항 등이 포함되어야 한다.

농지가 경매로 나온 경우 해당농지가 생활환경정비사업 대상인지 확인하라. 이에 농업생산기반 정비사업 시행이 수립되어 있는 곳은 투자 금물이다. 이런 곳은 국가 예산을 사용하여 기반시설의 정비가 끝난 곳으로 바둑판 모양의 경지정리가 형성되고, 장기간 농업적 이용을 통해 투자된 비용을 회수하겠다는 뜻이 함축된 곳이다. 농지전용허가도 안되고 공공개발에 따른 수용도 잘 이뤄지지 않는 곳이다.

저수지 상류지역에서의 공장 설립 제한(농어촌정비법 22조)

농어촌용수의 수질보전을 위하여 저수지 상류지역 중 대통령령으로 정하는 지역에서는 산업집적 활성화 및 공장설립에 관한 법률에 따라 공장 및 산업단지를 설립할 수 없다. 따라서 일반적으로 물(水)가 주위는 조심하는 게 좋다. 농업용지에 저수지가 있다면 상류지역은 공장 뿐 아니라 여러 가지 개발에 제한이 많다. 농업용수를 보호하기 위함이다.

종전 신고인의 지위 승계여부

　농어촌정비법에 의해 농어촌관광휴양지사업을 하는 자가 이를 양도하는 경우 양수인이 종전의 농어촌관광휴양지사업을 신고한 자의 지위를 승계하는지의 문제가 발생할 수 있다. 이에 농어촌정비법 87조에 의거 농어촌관광휴양지사업을 신고한 자가 그 사업을 양도한 경우 그 양수인, 농어촌관광휴양지사업을 신고한 자가 사망한 경우 그 상속인, 법인이 합병한 경우 합병 후 존속하는 법인이나 합병으로 설립되는 법인은 신고자의 지위를 승계한다. 또한 경매, 공매, 압류재산의 매각 등에 따른 절차에서 사업시설·설비의 전부를 인수한 자는 종전의 농어촌관광휴양지사업을 신고한 자의 지위를 승계한다. 하지만 여기서 유의할 점은 관광농원은 시장·군수·구청장의 승인을 받아야 지위 승계가 가능하다는 점이다. 농어촌관광휴양지사업과 다름을 기억하라. 따라서 관광농원을 사업시설·설비 전부를 포함하여 경매로 낙찰 받았다하더라도 종전 관광농원을 신고한 자의 지위를 승계 받지 못한다.

　또 한 가지 유의할 점이 있다. 농어촌관광휴양지나 농어촌민박이 경매로 나왔을 때 반드시 확인해야 할 사항이 있는데 이를 간과하지 말라.
　시장·군수·구청장은 농어촌관광휴양지사업자나 농어촌민박사업자가 다음 각 호의 어느 하나에 해당하면 사업장의 폐쇄를 명하거나 6개월 이내의 기간을 정하여 그 사업의 전부 또는 일부의 정지를 명할 수 있는데 제7호에 해당하는 경우에는 사업장의 폐쇄명령을 한다.

> 1. 정당한 사유 없이 1년 이상 사업을 하지 아니한 경우
> 2. 관광농원과 주말농원에 입식작목을 1년 이상 경작하지 아니한 경우
> 3. 규모나 시설 기준을 위반한 경우
> 4. 승인이나 변경승인을 받지 아니하고 관광농원을 개발한 경우
> 5. 위반하여 관광농원사업을 양도·양수한 경우
> 6. 시설 및 운영 개선명령을 이행하지 아니한 경우
> 7. 사업정지기간에 사업을 한 경우

따라서 경매물건에 농어촌관광휴양지나 농어촌민박이 있다면 이를 얼씨구나! 하고 덤벼들지 말고 혹시 행정처분이 있는지 지자체에 반드시 확인하라. 행정처분은 낙찰자에게 승계되기 때문이다(농어촌정비법 90조). 또한 지리 좋은 곳에 오랫동안 영업을 안 하고 있는 농어촌관광휴양지나 농어촌민박이 있다면 이를 인수하여 리모델링해서 영업을 활성화시킬 패기부터 보이지 말고 먼저 행정처분으로 인한 폐쇄명령으로 영업을 못하고 있는 것은 아닌지 살펴라. 행정처분으로 폐쇄가 되었다면 아무짝에도 쓸모없는 물건을 사들이는 꼴이 되기 때문이다.

종전의 농어촌관광휴양지사업자 또는 농어촌민박사업자에 대한 행정제재처분·위반사실을 알지 못하였음을 증명하는 때에는 행정처분이 승계되지 않는다는 조문(농어촌정비법 90조3항)을 곧이곧대로 믿으면 곤란하다. 이는 기존의 행정처분을 몰랐다고 주관적으

로 우기면 될 일이 아니라 객관적인 증빙을 해야 한다. 기존 행정처분이 고시가 되어있다면 몰랐다는 주장은 효력을 발휘하지 못할 것이다. 몸 고생 마음고생 톡톡히 하면서 말이다.

PART 13

산지관리법

- 산지란 무엇인가?
- 보전산지 – 임업용산지
- 임업용산지의 행위제한
- 보전산지 – 공익용산지
- 공익용산지의 행위제한
- 준보전산지
- 산지전용이란?
- 산지전용허가기준
- 산지전용신고
- 산지전용·일시사용제한지역
- 임야 경매 입찰시 신중하라
- 나무 베는 벌기령

산지란 무엇인가?

다른 토지에 비해 저가인 임야를 산지전용을 통해 개발하여 다른 지목으로 변경한다면 이는 가치상승으로 인한 투자효과를 톡톡히 누릴 수 있다. 이런 의미에서 임야는 매력적인 투자처가 될 수 있지만 투자하기 전에 먼저 꼭 알아두어야 할 사항이 있다. 개발이 가능한 임야인지를 파악해야 하는 것이다.

임야의 행위제한에 관한 도해를 정확하게 인지하지 못하면 조건에 맞지 않아 개발을 할 수 없는 임야를 사들이는 우를 범할 수 있다. 넓은 땅을 싸게 낙찰 받아 좋아겠지만 결과적으로 아무짝에도 쓸모없는 땅인 경우도 허다하다.

개발행위를 함에 허가기준은 무엇인지, 적용되는 관련 법률은 어떤 것인지 정확히 알아야 한다.

먼저 산지관리법에서 말하는 산지란 다음을 말한다.

> 가. 입목(立木)·죽(竹)이 집단적으로 생육하고 있는 토지
> 나. 집단적으로 생육한 입목·죽이 일시 상실된 토지
> 다. 입목·죽의 집단적 생육에 사용하게 된 토지
> 라. 임도, 작업로 등 산길
> 마. 가목부터 다목까지의 토지에 있는 암석지 및 소택지

이런 산지는 지목이 '임야'이며 산지를 합리적으로 보전하고 이용하기 위하여 전국의 산지를 보전산지(공익용산지, 임업용산지)와 준보전산지로 나누어 구분 한다. 그래서 임야물건의 토지이용계획

[**PART 13** 산지관리법]

확인서를 보면 국토계획법상 용도지역 외에 공익용산지, 임업용산지, 준보전산지 이런 문구들이 적혀 있는 것이다(간혹 적혀 있지 않는 경우도 있다 – 토림).

 그렇다면 이 들 산지는 어떤 구분에 의해 이렇게 지정되며, 이 지정으로 인한 행위제한은 어떤 점이 다른지 살펴보자.

산지 (지목 임야)	보전산지	임업용산지 공익용산지
	준보전산지	

보전산지 - 임업용산지

임업용산지란 산림자원의 조성과 임업경영기반의 구축 등 임업생산 기능의 증진을 위하여 필요한 산지로서 다음의 산지를 대상으로 산림청장이 지정하는 산지이다.

1) 「산림자원의 조성 및 관리에 관한 법률」에 따른 채종림(질 좋은 조림용 묘목의 씨앗을 얻기 위하여 특별히 마련하여 조성한 숲) 및 시험림(시험연구의 목적에 제공되고 있는 산림)의 산지
2) 「국유림의 경영 및 관리에 관한 법률」에 따른 요존국유림(국가가 국유림경영, 국토보안 관계로 국가가 보존할 필요가 있는 임야)의 산지
3) 「임업 및 산촌 진흥촉진에 관한 법률」에 따른 임업진흥권역의 산지
4) 그 밖에 임업생산 기능의 증진을 위하여 필요한 산지로서 대통령령으로 정하는 산지

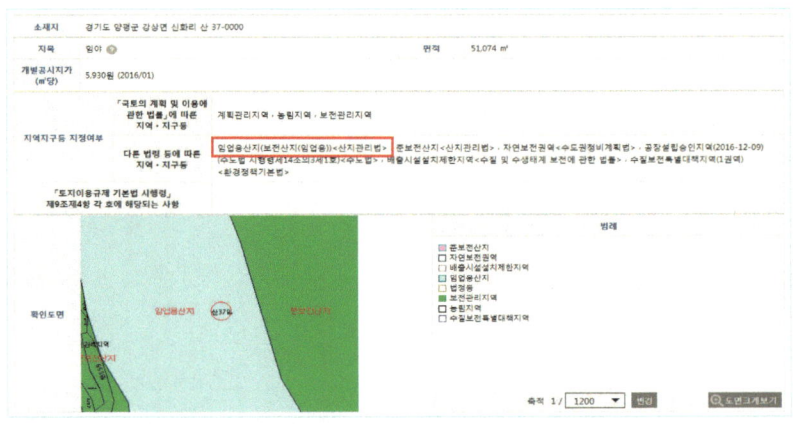

사진 23 임업용산지

임업용산지의 행위제한

임업용산지안에서는 다음 각 호의 어느 하나에 해당하는 행위를 하기 위하여 전용을 하는 경우를 제외하고는 산지전용을 할 수 없다.

1. 산지전용제한지역안의 규정에 의한 시설의 설치 등
   → 국방·군사·도로·철도·제방·문화재 발굴 등 공익적 목적으로만 가능하다.
2. 임도·산림경영관리사 등 산림경영과 관련된 시설 및 산촌산업개발시설 등 산촌개발사업과 관련된 시설로서 대통령령으로 정하는 시설의 설치
   → 임업용 산지에 산림경영관리사 설치가 가능하다는 점 기억하라. 실무에서 우회적으로 이 방법을 쓰는 분들이 있다. 산림을 가꾸고 경영한다는 목적으로 산에 오르락내리락 반복하면 힘든 경향이 있으니 산에서 먹고 잘 수 있는 건물(일명 산림경영관리사)을 짓고 생활하는 것이다. 일종의 주거형태를 갖지만 주택은 아니다. 간혹 이런 건물이 경매에 나오는 경우가 있는 데 이를 주택인 줄 알고 낙찰받으면 큰일이다.
3. 수목원, 산림생태원, 자연휴양림, 수목장림, 그 밖에 대통령령으로 정하는 산림공익시설의 설치
4. 농림어업인의 주택 및 그 부대시설로서 대통령령으로 정하는 주택 및 시설의 설치
   → 농림어업인이 자기소유 산지에 농림어업의 경영을 위하여 실제 거주할 목적으로 부지면적 660㎡ 미만으로 건축하는 주택 및 부대시설을 말한다.
   부지면적을 적용함에 있어서 산지를 전용하여 농림어업인의 주택 및 그 부대시설을 설치하고자 하는 면적에 대해 농림어업인이 당해 시군구에서 그 전용허가신청일 이전 5년간 농림어업인 주택 및 그 부대시설의 설치를 위하여 전용한 임업용 산지의 면적을 합산한 면적을 당해 농림어업인 주택 및 그 부대시설의 부지면적에 합한다. 다만 공공사업으로 인하여 철거된 농림어업인 주택 및 부대시설의 설치를 위하여 전용하였거나 전용하고자 하는 산지면적을 제외한다.

5. 농림어업용 생산·이용·가공시설 및 농어촌휴양시설로서 대통령령으로 정하는 시설의 설치
6. 광물, 지하수, 그 밖에 대통령령으로 정하는 지하자원 또는 석재의 탐사·시추 및 개발과 이를 위한 시설의 설치
7. 산사태 예방을 위한 지질·토양의 조사와 이에 따른 시설의 설치
8. 석유비축 및 저장시설·방송통신설비, 그 밖에 대통령령으로 정하는 공용·공공용 시설의 설치
9. 허가를 받거나 신고를 한 묘지·화장시설·봉안시설·자연장지 시설의 설치
10. 대통령령으로 정하는 종교시설의 설치
11. 병원, 사회복지시설, 청소년수련시설, 근로자복지시설, 공공직업훈련시설 등 공익시설로서 대통령령으로 정하는 시설의 설치
12. 교육·연구 및 기술개발과 관련된 시설로서 대통령령으로 정하는 시설의 설치
13. 대통령령으로 정하는 지역사회개발 및 산업발전에 필요한 시설의 설치
14. 대통령령으로 정하는 기간 동안 임시로 설치하는 다음 각 목의 어느 하나에 해당하는 부대시설의 설치
    가. 진입로
    나. 현장사무소
    다. 지질·토양의 조사·탐사시설
    라. 그 밖에 주차장 등 농림축산식품부령으로 정하는 부대시설
15. 건축물과 도로를 연결하기 위한 대통령령으로 정하는 규모 이하의 진입로의 설치
16. 그 밖에 가축의 방목, 산나물·야생화·관상수의 재배, 물건의 적치, 농도의 설치 등 임업용산지의 목적 달성에 지장을 주지 아니하는 범위에서 대통령령으로 정하는 행위

보전산지 - 공익용산지

공익용 산지란 임업생산과 함께 재해 방지, 수원 보호, 자연생태계 보전, 자연경관 보전, 국민보건휴양 증진 등의 공익 기능을 위하여 필요한 산지로서 다음의 산지를 대상으로 산림청장이 지정하는 산지이다.

1) 「산림문화·휴양에 관한 법률」에 따른 자연휴양림의 산지
2) 사찰림의 산지
3) 산지전용·일시사용제한지역
4) 야생생물 보호구역의 산지
5) 「자연공원법」에 따른 공원구역의 산지
6) 문화재보호구역의 산지
7) 상수원보호구역의 산지
8) 개발제한구역의 산지
9) 녹지지역 중 대통령령으로 정하는 녹지지역의 산지
10) 생태·경관보전지역의 산지
11) 습지보호지역의 산지
12) 특정도서의 산지
13) 백두대간보호지역의 산지
14) 산림보호구역의 산지
15) 그 밖에 공익 기능을 증진하기 위하여 필요한 산지로서 대통령령으로 정하는 산지

[왕교수가 알려주는 부자되는 100억 경매]

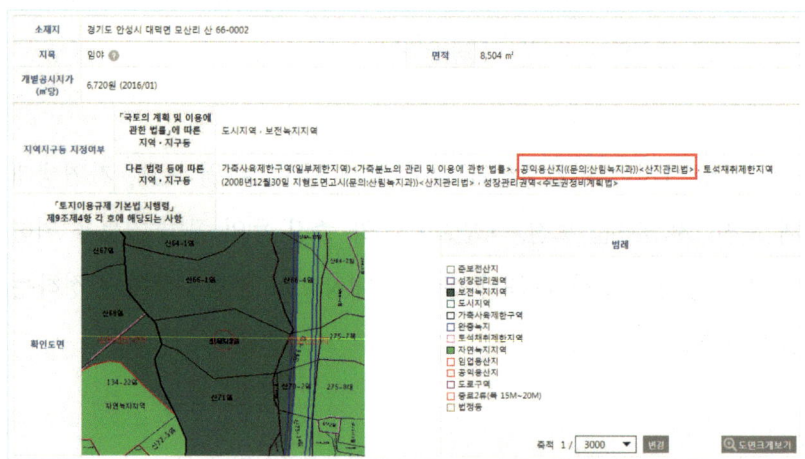

사진 24 공익용산지

공익용산지의 행위제한

공익용산지안에서는 다음 각 호의 어느 하나에 해당하는 행위를 하기 위하여 전용을 하는 경우를 제외하고는 산지전용을 할 수 없다.

1. 산지전용제한제역안의 규정에 의한 시설의 설치 등
2. 임도·산림경영관리사 등 산림경영과 관련된 시설
3. 수목원 자연휴양림 그 밖의 산림공익시설 설치
4. 대통령령으로 정하는 규모 미만으로서 다음 각 목의 어느 하나에 해당하는 행위
   가. 농림어업인 주택의 신축, 증축 또는 개축. 다만, 신축의 경우에는 대통령령으로 정하는 주택 및 시설에 한정한다.
   나. 종교시설의 증축 또는 개축
   다. 공익용산지로 지정된 사찰림의 산지에서의 사찰 신축
5. 대통령령으로 정하는 공용·공공용 사업을 위하여 필요한 시설의 설치
6. 대통령령으로 정하는 기간 동안 임시로 설치하는 다음 각 목의 어느 하나에 해당하는 부대시설의 설치
   가. 진입로
   나. 현장사무소
   다. 지질·토양의 조사·탐사시설
   라. 그 밖에 주차장 등 농림축산식품부령으로 정하는 부대시설
7. 건축물과 도로를 연결하기 위한 대통령령으로 정하는 규모 이하의 진입로의 설치
8. 그 밖에 산나물·야생화·관상수의 재배, 농도의 설치 등 공익용산지의 목적 달성에 지장을 주지 아니하는 범위에서 대통령령으로 정하는 행위

공익용산지(산지전용·일시사용제한지역은 제외한다) 중 일정경우에 해당하는 산지에서의 행위제한에 대하여는 타법의 행위제한에 따른다.

공익용 산지는 워낙 행위규제가 강하기 때문에 어떤 사(私)개발도 인정하지 않는다(임업용 산지도 사개발이 힘든 경우가 많다). 따라서 경매로 나온 공익용산지가 아무리 저가로 유찰되어도 가급적 입찰하지 않는 것이 좋다. 단 보전녹지의 공익용산지는 특수한 경우이다.

[PART 13 산지관리법]

 준보전산지

　준보전산지란 보전산지 외의 산지로서 임업생산, 농림어민의 소득 기반의 확대 및 산업 용지의 공급 등에 필요한 산지이며 실상의 산지전용을 통한 개발 대상의 산지를 말한다. 보전 산지와 다르게 준보전산지는 별도의 지정절차가 없다.

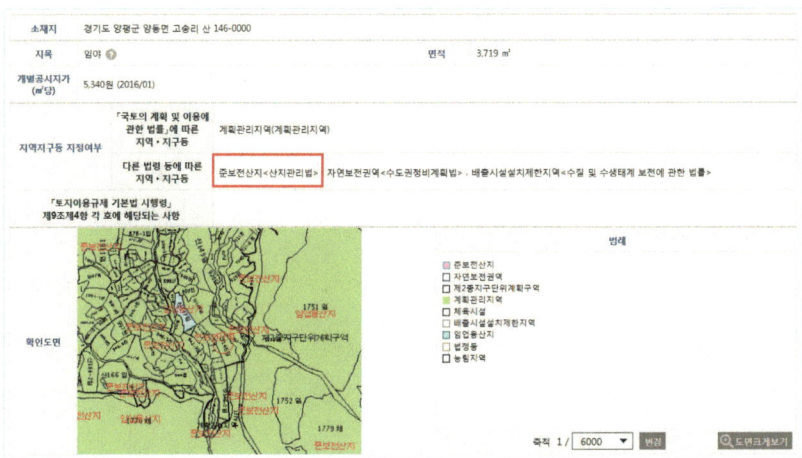

사진 25　준보전산지

준보전산지 행위제한

　산지관리법에서 보전산지 및 산지전용제한지역의 행위제한에 관하여는 법규상 규정이 명시되어 있으나 준보전산지에 대하여는 이렇다 할 언급이 없다. 보전산지 밖의 일반산지인 준보전산지는 국토의 계획 및 이용에 관한 법률에 의해 일번적인 행위제한(건폐율

·용적률 및 건축할 수 있는 건축물이 제한)만을 받는다.

다만 해당 준보전산지가 산지관리법의 산지전용허가기준에 맞는지 여부를 꼭 확인해야 한다. 국토계획법상에 건폐율·용적률 및 건축물의 용도대로 건축가능하다고 하나 이는 산지전용허가를 받아 토목공사를 끝낸 후에 용도지역에 맞는 건축허가를 신청하는 것으로 산지전용허가가 되지 않으면 건축 자체가 불가능하다.

 산지전용이란?

　산지전용이란 산지를 조림(숲을 조성함), 숲 가꾸기, 입목의 벌채·굴취(수목을 캐내는 것), 토석 등 임산물의 채취, 산지일시사용의 용도 외로 사용하거나 이를 위하여 산지의 형질을 변경하는 것을 말한다.

　산지전용을 하려는 자는 그 용도를 정하여 대통령령으로 정하는 산지의 종류 및 면적 등의 구분에 따라 산림청장등의 허가를 받아야 하며, 허가받은 사항을 변경하려는 경우에도 같다. 다만, 농림축산식품부령으로 정하는 사항으로서 경미한 사항을 변경하려는 경우에는 산림청장등에게 신고로 갈음할 수 있다.

　일반적으로 토목공사를 하려면 개발행위허가를 받아 토지형질변경 절차를 거치게 되는데 행위허가 기준을 둠으로써 토지형질변경을 규정하여 난개발을 막고자 하는 취지가 있다.

　임야인 경우 개발행위허가 뿐만 아니라 산지전용허가를 받아야 하는데 이는 용도지역에 따라 약간 다르다. 무분별한 산지전용을 막아 황폐화로 인한 공기의 오염 및 홍수 피해예방, 산림자원 보호의 취지에 맞게 산지관리법에서 산지전용허가 기준을 마련하고 있다.

　1차 산업 관련시설을 설치하고자 토지형질 변경 시 녹지지역·계획관리 지역에 있는 임야는 개발행위허가와 산지전용허가를 모두 적용받고 생산관리·보전관리·농림지역·자연환경보전지역은 산지전용허가만 받는다.

이렇게 차이를 두는 이유는 녹지지역·계획관리 지역은 난개발을 막고자 하는 취지가 강한 지역이기 때문이고 생산관리·보전관리·농림지역·자연환경보전지역은 이미 용도지역에서 자체 규정을 강하게 적용받기 때문에 굳이 개발행위허가까지 중복 규제할 필요가 없는 이유로 산지관리법상의 산지전용허가 기준만을 따지게 된다.

산지전용허가기준

산지전용을 위해서 먼저 산지전용허가 신청을 하게 되는데 법에서 규정한 요건에 맞는 경우에만 허가가 날 수 있다.

1. 산지전용·일시사용제한지역에서의 행위제한 및 보전산지에서의 행위제한사항에 해당하지 아니할 것
2. 인근 산림의 경영·관리에 큰 지장을 주지 아니할 것
3. 집단적인 조림 성공지 등 우량한 산림이 많이 포함되지 아니할 것
4. 희귀 야생 동·식물의 보전 등 산림의 자연생태적 기능유지에 현저한 장애가 발생하지 아니할 것
5. 토사의 유출·붕괴 등 재해가 발생할 우려가 없을 것
6. 산림의 수원 함양 및 수질보전 기능을 크게 해치지 아니할 것
7. 산지의 형태 및 임목(林木)의 구성 등의 특성으로 인하여 보호할 가치가 있는 산림에 해당되지 아니할 것
8. 사업계획 및 산지전용면적이 적정하고 산지전용방법이 자연경관 및 산림 훼손을 최소화하며 산지전용 후의 복구에 지장을 줄 우려가 없을 것

글에는 간단히 적었지만 관련 법문을 보면 산지전용허가 기준을 상세히 규정하여 꽤 까다롭게 적용한다.

산지전용으로 인하여 임도가 단절되지 아니할 것, 하천·소하천·구거의 선형은 자연 그대로 유지되도록 계획을 수립할 것, 전용하려는 산지는 상수원보호구역 또는 취수장으로부터 상류방향 유하거리 10킬로미터 밖으로서 하천 양안 경계로부터 500미터 밖에 위치할 것, 전용하려는 산지의 헥타르당 입목축적이 관할 시·군·구의 헥타르당 입목축적의 150% 이하일 것(산불발생·솎아베기·벌

채를 실시한 후 5년이 지나지 않은 때에는 그 산불발생·솎아베기 또는 벌채 전의 입목축적을 환산), 전용하려는 산지 안에 생육하고 있는 50년생 이상인 활엽수림의 비율이 50퍼센트 이하일 것 등 세세한 규정이 많다.

산지전용허가를 받을 자는 다음 서류를 첨부하여 산림청장에게 산지전용허가신청서와 함께 제출하여야 한다.

- 사업계획서 1부,
- 산지전용타당성조사에 관한 결과서 1부,
- 산지의 소유권 또는 사용·수익권을 증명할 수 있는 서류 1부,
- 축척 2만 5천분의 1 이상의 지적이 표시된 지형도 1부,
- 축척 6천분의 1 내지 1천 200분의 1의 산지전용예정지실측도 1부,
- 산림조사서 1부,
- 복구계획서 1부,
- 농지원부 사본 1부(농업인임을 증명하는 경우),
- 재해위험성 검토의견서 1부,
- 재선충병방제계획서 1부

[**PART 13** 산지관리법]

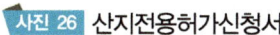
사진 26 산지전용허가신청서

 산지전용신고

다음은 산지전용허가를 받지 않고 신고로 가능한 사항들이다. 각 호의 어느 하나에 해당하는 용도로 산지전용을 하려는 자는 국유림산지에 대하여는 산림청장에게, 국유림이 아닌 산림의 산지에 대하여는 시장·군수·구청장에게 신고하여야 한다. 신고한 사항 중 농림축산식품부령으로 정하는 사항을 변경하려는 경우에도 같다.

1. 임도·산림경영관리사 등 산림경영과 관련된 시설의 설치
2. 산불의 예방 및 진화와 관련된 시설의 설치
3. 수목원 자연휴양림 그 밖에 대통령령이 정하는 산림공익시설의 설치
4. 임업시험연구를 위한 시설의 설치
5. 농림어업인의 주택시설 및 그 부대시설의 설치(준보전산지에 한하여 농림어업인이 자기소유의 산지에 농림어업의 영위를 위하여 실제 거주 목적의 시설로서 부지면적이 330㎡ 이하일 것)
6. 건축법에 의한 건축허가 또는 건축신고의 대상이 아닌 간이농림어업용 시설과 농림수산물이 간이처리시설의 설치
7. 지하자원의 탐사 또는 시추시설의 설치
8. 상기 시설의 설치를 위한 진입로, 현장사무소 등 농림부령이 정하는 부대시설의설치(임시설치)
9. 가축의 방목
10. 문화재보호법에 의한 문화재지표조사
11. 산채 야생화 및 관상수 재배
12. 물건의 적치

[PART 13 산지관리법]

산지전용·일시사용제한지역

    산림청장은 다음 각 호의 어느 하나에 해당하는 산지로서 공공의 이익증진을 위하여 보전이 특히 필요하다고 인정되는 산지를 산지전용 또는 산지일시사용이 제한되는 지역으로 지정할 수 있다.

> 1. 대통령령으로 정하는 주요 산줄기의 능선부로서 자연경관 및 산림생태계의 보전을 위하여 필요하다고 인정되는 산지
> 2. 명승지, 유적지, 그 밖에 역사적·문화적으로 보전할 가치가 있다고 인정되는 산지로서 대통령령으로 정하는 산지
> 3. 산사태 등 재해 발생이 특히 우려되는 산지로서 대통령령으로 정하는 산지

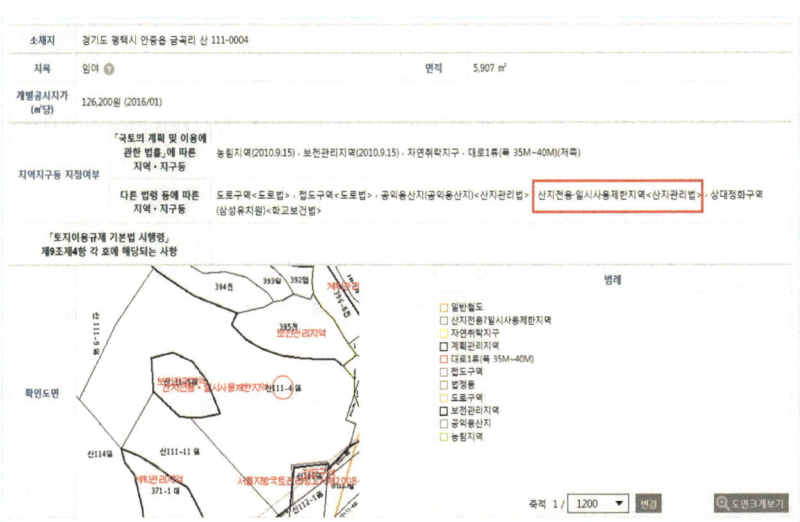

사진 27 산지전용·일시사용제한제역

행위제한

산지전용·일시사용제한지역에서는 다음 각 호의 어느 하나에 해당하는 행위를 하기 위하여 산지전용 또는 산지일시사용을 하는 경우를 제외하고는 산지전용 또는 산지일시사용을 할 수 없다.

1. 국방·군사시설의 설치
2. 사방시설, 하천, 제방, 저수지, 그 밖에 이에 준하는 국토보전시설의 설치
3. 도로, 철도, 석유 및 가스의 공급시설, 그 밖에 대통령령으로 정하는 공용·공공용 시설의 설치
4. 산림보호, 산림자원의 보전 및 증식을 위한 시설로서 대통령령으로 정하는 시설의 설치
5. 임업시험연구를 위한 시설로서 대통령령으로 정하는 시설의 설치
6. 매장문화재의 발굴(지표조사를 포함한다), 문화재와 전통사찰의 복원·보수·이전 및 그 보존관리를 위한 시설의 설치, 문화재·전통사찰과 관련된 비석, 기념탑, 그 밖에 이와 유사한 시설의 설치
7. 다음 각 목의 어느 하나에 해당하는 시설 중 대통령령으로 정하는 시설의 설치
   가. 발전·송전시설 등 전력시설
   나. 신·재생에너지의 이용·보급을 위한 시설
8. 광물의 탐사·시추시설의 설치 및 대통령령으로 정하는 갱내채굴
9. 광해방지시설의 설치
9의2. 공공의 안전을 방해하는 위험시설이나 물건의 제거
9의3. 전사자의 유해 등 대통령령으로 정하는 유해의 조사·발굴

10. 대통령령으로 정하는 기간 동안 임시로 설치하는 다음 각 목의 어느 하나에 해당하는 부대시설의 설치
   가. 진입로
   나. 현장사무소
   다. 지질·토양의 조사·탐사시설
   라. 그 밖에 주차장 등 농림축산식품부령으로 정하는 부대시설
11. 건축물과 도로를 연결하기 위한 대통령령으로 정하는 규모 이하의 진입로의 설치

무서운 산지전용허가제한지역

임야의 토지이용계획확인서에 산지전용허가제한지역이 표기되어 있으면 제일 무서워해야 하는 땅이다. 이곳은 공익용·임업용 산지에서 그나마 허용하는 최소한의 개발도 되지 않는다. 농어민주택, 산림경영관리사도 불가능하다. 따라서 토지이용계획확인서를 보아 제일 먼저 보전산지 여부(공익용 산지, 임업용 산지), 산지전용허가제한지역의 여부를 살펴야 한다. 이런 곳은 겉만 번지르르할 뿐 투자에 신중해야 하며 특히 기획부동산들이 잘라놓은 임야가 많기 때문에 투자를 유도하는 감언이설에 속는 일이 없도록 해야 한다.

임야 경매 입찰시 신중하라

```
          ┌─────────┐
          │   임야   │
          └─────────┘
        A소유  →  B낙찰
```

　산지전용허가 또는 산지전용신고가 되어 있는 토지가 경매에 나왔을 때는 입찰에 신중을 기해야 한다. 낙찰 후 해당 토지를 개발하려 해도 종전소유자의 산지전용허가 또는 산지전용신고가 살아 있기 때문이다. 임야는 낙찰 받은 B소유여도 산지 인허가권은 A소유인 것이다. 이에 A의 산지전용허가를 취소하고 B가 신규허가를 받으면 될 듯 보이지만 이는 신규허가가 나지 않는 경우가 많다. 이유는 A의 산지전용허가 이후 B가 낙찰 받기 전, 이 기간 안에 다른 사람이 신규허가를 넣었는지 여부에 달렸기 때문이다.

　산지를 개발할 경우 반경 250m 이내에서 총 개발면적이 3만㎡를 초과할 수 없는

　연접개발제한제도가 산지관리법 시행령 개정으로 폐지가 되었다(2015년 11월 11일). 이에 반경 250m 개발면적이 3만㎡를 초과하더라도 개발이 가능하다고 오해하시는 분들이 있는데 현실은 다르다. 산지관리법의 연접개발제한제도가 폐지된 것은 맞지만 국토계획법 및 지자체에서 조례로 규정하고 있는 개발행위에 따른 면적

규모 등은 그대로 적용받는 것이다. 기존 인허가 면적이 국토계획법과 조례에서 정하는 관련 개발행위 면적 규정을 초과하였다면 B의 신규허가는 받아들여지지 않는다. 따라서 경매로 임야를 낙찰받을 때는 전 소유자의 산지전용 여부, 신규 전용허가 가능 여부 등을 알아본 후에 신중히 입찰해야 한다. 특히 바닷가 임야는 산지전용허가 조건이 더욱 까다롭다.

나무 베는 벌기령

수목이 빽빽하고 울창하게 자라 있는 산지를 볼 때 사람들의 반응은 두 가지이다.

울창하니 좋구나 하는 일반인의 시각과 울창하니 개발이 힘들겠구나 하는 개발업자의 시각이다. 전용하려는 산지의 헥타르당 입목축적이 관할 시·군·구의 헥타르당 입목축적의 150% 이상이면 산지전용허가가 나질 않는다. 울창하게 잘 가꾼 산이 미관상 좋을지 몰라도 개발행위 시각에서는 썩 좋은 산이 아니다. 산을 잘 가꾸지 않아 나무가 듬성듬성 심어있는 산이 오히려 개발가치가 높다.

나무를 합법적으로 베어낼 수 있는 '벌기령(임목을 벌채에 이용할 수 있는 연령)'이 있다. 이렇게 벌기령을 두는 이유는 양호한 산림조성을 위해서이다.

나무에도 수명이 있는데 수명이 다 된 나무를 벌채하지 않고 방치하면 그 자리에서 고목이 되거나 비바람에 쓰러져 주변에 있는 정상적인 나무의 생장을 방해하여 오히려 산림 조성에 방해가 된다. 그래서 산림자원의 조성 및 관리에 관한 법률 시행규칙에 '기준 벌기령'이라 하여 수종별로 적정 벌채시기를 규정하고 이 시기가 지난 수목이 많은 산지에 대해 조림사업을 권장한다. 다만 벌기령에 따라 벌채를 했다고 바로 산지전용 허가시 낮은 입목축척을 적용받는 것이 아니다. 산불발생·솎아베기·벌채를 실시한 후 5년이 지나지 않은 때에는 그 산불발생·솎아베기 또는 벌채 전의 입목축적을 환산하는 규정으로 인해 5년이 지나야 해당 입목축척을 적용받음을 유의하라.

* **기준벌기령**

구분	국유림	공·사유림 (기업경영림)
가. 일반기준벌기령		
소나무	60년	40년(30년)
(춘양목호보림단지)	(100년)	(100년)
잣나무	60년	50년(40년)
리기다소나무	30년	25년(20년)
낙엽송	50년	30년(20년)
삼나무	50년	30년(30년)
편백	60년	40년(30년)
기타 침엽수	60년	40년(30년)
참나무류	60년	25년(20년)
포플러류	3년	3년
기타 활엽수	60년	40년(20년)
나. 특수용도기준벌기령 펄프, 갱목, 표고·영지·천마 재배, 목공예, 목탄, 목초액, 섬유판, 산림바이오매스에너지의 용도로 사용하고자 할 경우에는 일반기준벌기령중 기업경영림의 기준벌기령을 적용한다. 다만, 소나무의 경우에는 특수용도기준벌기령을 적용하지 않는다.		

벌기령이 지난 수목은 벌채하여 목재로 판매할 수 있다.

산 소유자가 산림관리를 위해 산지의 나무를 일시에 벌채하는 '모두베기'를 시행하고 새로운 묘목 식재를 추진하는 경우 묘목 식재 비용의 90%는 국가에서 보조해 준다. 하지만 이렇게 국가예산을 받아 조림사업을 한 후 5년 이내에 산지를 전용하게 되면 국가

지원을 받았던 90%의 비용을 납부해야 한다. 산지전용 기간 조절에 유의해야 할 사항이다. 산지전용을 하고자 임야를 매수하는 이는 전 소유자가 조림사업으로 인한 국가예산을 받은 적이 있는지, 받았다면 그 기간이 5년을 넘었는지, 조림사업 전의 입목축적이 어느 정도였는지 여부를 조사하여 산을 매수하여야 예상치 못한 추가 비용이 들지 않을 것이다.

PART 14

경매의 꽃 – 공장경매

- 개발 중인 공장의 경매투자 비법
- 7가지, 반드시 체크하라
- 개발 완료된 공장의 경매 투자비법
- 화재보험을 알아보아라
- 용도지역을 봐라
- 전용기간을 따져라
- 폐기물 우습게 보다 큰 돈 날린다
- 가격의 거품을 조심하라
- 공장크기와 도로크기의 함수
- 높이 보아라
- 명도의 심각성을 생각하라 1
- 명도의 심각성을 생각하라 2
- 명도의 심각성을 생각하라 3

개발 중인 공장의 경매투자 비법

공장경매는 누구나 한번쯤 도전해 보고 싶은 경매분야의 꽃이다.

일반상가에 비해 임대수익이 높고 매매로 큰 수익을 실현할 수 있는 분야이기에 경매인이라면 동경의 대상이 공장경매이다.

필자는 많은 공장을 낙찰 받았고 이에 현장에서 겪은 실제 체험을 바탕으로 공장경매에 대해 말하고자 한다.

공장이 경매 나온 경우 개발 중인 공장, 개발완료 된 공장의 두 가지로 나뉘어 볼 수 있다.

먼저 개발 중인 공장에 대해 알아보자.

공장은 공장건축허가를 받은 경우와 공장승인을 거쳐 건축하는 경우로 나뉜다.

농지전용(또는 산지전용), 개발행위허가, 공장건축허가를 받아 개별입지에 개발 중인 공장부지와 500㎡ 이상의 제조시설로서 산업집적 활성화 및 공장설립에 관한 법률에 따라 공장승인을 받은 공장이다.

여기서 한 가지 알아둘 사항은 '허가'보다 '승인'이 더 어렵다는 사실이다.

허가는 귀속처분이라 일정요건을 갖추면 허가가 나지만 승인은 건축, 제조, 시설, 소음, 진동 등 모든 것을 다 갖춘 후에도 승인권자의 판단에 의해 승인여부가 결정된다.

[PART 14 경매의 꽃 – 공장경매]

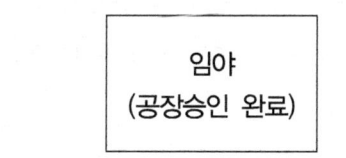

공장승인을 받은 임야에 토목공사를 진행 중에 경매 나온 토지가 있다.

입찰을 위해 B가 조사를 해보니 유치권과 법정지상권이 성립되지 않아 낙찰 받는데 무리가 없어 보였다. 유찰을 거듭하며 가격이 낮아져 감정가 대비 1/2 수준에 낙찰을 받았다.

과연 잘한 일일까?

임야의 가치와 완공된 공장의 가치를 따져보자.

임야의 가치를 20으로 본다면 공장이 완공된 후 가치는 100이다.

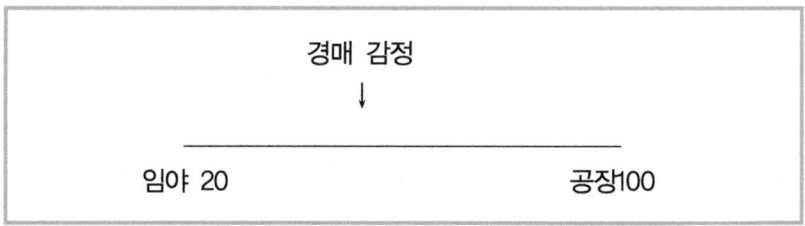

공장승인이 되어 토목공사가 진행 중에 경매에 나온 관계로 경매 감정평가사는 이를 잡종지로 평가할 가능성이 있다. 이 가치를 70으로 평가하였고 두 번의 유찰을 거쳐 반값인 35의 가격으로 낙찰을 받았다고 하자. 인근 공장 100씩 하는 데 35에 받았으니 잘 받

앉다고 생각할 수 있다. 하지만 인허가 승계가 안 된다면 원상회복해야 하고 이는 임야의 가치인 20보다 비싸게 낙찰 받은 꼴이니 잘못된 투자를 한 것이다.

7가지, 반드시 체크하라

> 산업집적활성화 및 공장설립에 관한 법률 제4조(행위의 효력의 승계)
> 이 법에 따라 행한 절차나 그 밖의 행위는 해당 공장의 소유자, 점유자, 그 밖의 이해관계인의 승계인에 대하여도 그 효력이 있다.

해당 법률에 의해 공장 낙찰자 B에게 공장 승인권이 승계된다. 승인권이 승계되면 하위구조의 평면적 인허가도 자동 승계되어 공장부지 낙찰자에게 공장 개발권이 넘어온다. 하지만 다음과 같이 승계가 불가능한 경우도 있다는 점은 주의해야 한다.

1. 평면인허가가 기간만료로 재연장이 필요한 경우

산지전용의 허가기간이 도래하여 연장신청 시 종전 소유자의 연장동의서가 필요하다. 종전 소유자가 연장에 동의하지 않으면 산지전용의 연장이 불가능하여 결국 공장승인이 승계되는데 제동이 걸린다.

2. 공장승인권의 올(all) 낙찰이 아닌 경우

공장승인을 받은 A가 건물을 추가로 건축할 경우 기존 건폐율을 초과하여 추가 건축이 불가능하다. 이런 경우 인접 토지를 매입하여 공장승인대상에 추가하고 건축을 진행한다. 추가 매입한 인접토지에는 저당권을 설정하지 않았고 이 후 경영난으로 공장이 경매로 나오게 되는데 이 토지는 경매대상물건에서 제외되는 경우가 발생한다. 낙찰자는 공장 모두를 낙찰 받았다고 생각했지만 공장승인대상에 포함된 토지가 경매에서는 누락된 사실을 뒤늦게 아는 것이다. 낙찰자가 추가 토지를 매입하지 못하면 공장승인이 승계되지 않는다. 따라서 해당 공장을 낙찰받기 전에 승인대상 토지가 모두 포함되어 있는지, 누락된 토지가 있는지 알아봐야 한다.

3. 경매는 땅만 진행하는데 건물이 존재할 때

건물은 매각 제외되고 땅만 진행하는 경우 조심해야 한다. 건물의 윤곽이 나와 있으면 건물도 공장승인대상에 포함되어 있는데 건물은 매각에서 제외된 상태로 경매가 진행되니 이런 경우 낙찰을 받은 후에도 공장승인권이 승계되지 않는다.

4. 기존 건축허가가 살아있을 때

건축허가는 별도로 승계되지 않는다. 공장승인이 있고 건축허가는 없다면 공장승인 조건만 따지면 되는데 공장승인 된 땅에 건축허가가 받아져 있다면 다시 건축법으로 접근해야 한다.
건축허가 후 착공신고 전이라면 허가일로부터 2년경과 시는 건축허가 취소대상이다. 건축허가 취소기간이 도과하길 기다렸다가 기존 공장승인으로 산지전용허가 등을 승계하여 신규 건축허가를 내면 된다. 하지만 매우 조심해야 할 사항이 있다.

신규허가를 내려고 보니 그 사이 인허가 기준이 변경되어 공장 신규 건축허가가 나지 않는 경우가 있다. 신규허가가 나지 않으니 울며 겨자먹기로 전소유자에게 건축 인허가권을 사야한다. 건축허가취소기간이 도과하기 전에 말이다. 또한 신규건축허가를 득했다 하더라도 일정기간동안 건축이 이뤄지지 않으면 일몰제에 의해 공장승인권도 취소되는 일이 발생한다.

따라서 공장승인 된 부지에 기존 건축허가가 살아있다면 건축허가 취소요건은 무엇인지, 신규건축허가를 받을 수 있는지 등 이에 대한 해결책을 마련하고 입찰을 해야 한다.

5. 착공신고까지 완료되어 있는 경우

착공신고까지 완료되어 있는 경우 계속적 공사가 불가능시에는 허가를 취소하여야 한다고 법에 명시되어 있다. 하지만 매우 애매한 조항이다. 계속적 공사가 불가능함을 낙찰자가 입증해야한다. 입증이 불가능하거나 그 만한 사유로는 취소 할 수 없다는 관광서의 입장이라면 장시간이 소요되므로 심각하게 접근해야 한다.

6. 시간이 내편인지 살펴라

산업집적활성화 및 공장설립에 관한 법률에서는 일정기간이 지나면 공장설립 승인이 취소되는 일몰제를 적용하고 있다.

낙찰 후 소송에서 이길 확률이 높아도 일몰제를 살펴보아 이해득실을 판단해야 한다. 소송에서 승소해도 일몰제 적용으로 공장승인권이 취소된다면 아무 소용없기 때문이다.

해당 특·광·도·시 담당자를 찾아가서 경매 나온 이 부지를 입찰할 예정인데 낙찰 후에 공장승인권이 승계되는지, 승인권에 모든 사항이 다 포함되어 있는지, 이 후 건축허가 시 소요되는 시간동안 승인권이 유효하게 유지되는지, 연장하면 연장을 받아 주는지 등 확실하게 물어보고 판단해야 한다. 이런 문제를 확실하게 해 두지 않으면 건축허가 취소 소송에서 승소해도 공장 승인권이 일몰제 걸려 의미 없는 투쟁을 한 결과가 되고 또한 건축허가 기준이 바뀌었을 경우 신규건축허가가 불가능하다.

산업집적활성화 및 공장설립에 관한 법률 제13조의5
(공장설립등의 승인의 취소)

시장·군수 또는 구청장은 공장설립등의 승인을 받은 자가 다음 각 호의 어느 하나에 해당하는 사유로 사업시행이 곤란하다고 인정하는 경우에는 그 공장설립등의 승인의 취소 및 해당 토지의 원상회복을 명할 수 있으며, 이 경우 원상회복에 관하여는 「농지법」「산지관리법」준용한다. 다만, 제3호에 따른 기간을 초과하는 것이 부득이하다고 인정되는 경우로서 대통령령으로 정하는 경우에는 그러하지 아니하다.
1. 공장설립등의 승인을 받은 날부터 3년(농지전용허가 또는 신고가 의제된 경우에는 2년)이 지날 때까지 공장을 착공하지 아니하는 경우
2. 토지의 형질변경 허가 등이 취소되어 공장설립등이 불가능하게 된 경우
3. 공장설립등의 승인 및 제조시설의 설치승인을 받은 후 4년이 지난 날까지 완료신고를 하지 아니하거나 공장착공 후 1년 이상 공사를 중단한 경우
4. 공장설립등의 승인을 받은 부지 또는 건축물을 정당한 사유 없이 승인을 받은 내용과 다른 용도로 활용하는 경우
5. 공장설립등의 승인기준에 미달하게 된 경우

7. 공장승인 조건과 지금 조건이 동일한지 확인하라

용도지역이 바뀌는 경우가 있다. 전에는 관리지역인데 지금은 생산관리로 변했거나 계획관리지역 이었는데 자연녹지가 되었다든지.. 이런 식으로 용도지역이 바뀌는 것이다. 이렇게 용도지역이 바뀐 곳에서 신규인허가 기준이 까다롭고 해당 요건에 부합되기 힘든 문제로 인해 전 소유자의 인허가를 승계 받는 방법 밖에 없다. 협상에서 '을'의 입장이 되는 것이다.

또한 용도지역 등 겉의 외형조건이 같다하더라도 관련 부서에 문의하여 허가기준, 전용기준 등이 바뀌었는지 물어봐야 한다. 기준이 바뀌었다면 전소유주와 원만한 협상을 통해 인허가를 승계 받아야지 협상이 결렬되면 전소유자도 손해지만 낙찰자도 신규인허가를 받을 수 없어 손해가 클 수밖에 없다.

이렇듯 공장은 입체적·총체적으로 확인 후에 입찰해야 한다. 물론 이것 외에도 다양하게 살펴야 하지만 우선 중요부분을 말해 보았다. 내가 돌파할 수 있을지 걸려 넘어질지 미리 판단하여 사전에 위험요소를 제거한 후 입찰이 참가해야 불측의 손해를 예방할 수 있다.

[왕교수가 알려주는 부자되는 100억 경매]

2008타경847

소재지	경기도 평택시 청북면 고잔리 198-1 외 6필지				
물건종별	임야	사건접수	2008-01-21(신법적용)	입찰방법	기일입찰
토지면적	6549㎡(1981.1평)	소 유 자	강호재	감 정 가	1,370,442,000
건물면적		채 무 자	강호재	최 저 가	(51%) 701,666,000
매각물건	토지지분매각	채 권 자	중소기업은행	보 증 금	(20%) 140,340,000

수원지방법원 평택지원 4계(031-650-3171) 매각기일 2008.09.30(10:00)

[입찰진행내용]

구분	입찰기일	최저매각가격	결과
1차	2008-06-17	1,370,442,000원	유찰
2차	2008-07-22	1,096,354,000원	유찰
3차	2008-08-26	877,083,000원	유찰
4차	2008-09-30	701,666,000원	

낙찰: 757,700,000원 (55.29%)
(입찰2명)
매각결정기일: 2008.10.07 - 매각허가결정
대금지급기한: 2008.11.11 - 기한후납부
배당기일: 2009.03.20
배당종결 2009.03.20

현황 위치
- 전평마을 서측 인근 위치, 인근주변은 전,답,임야,농가주택,공장등이 소재한 마을주변 농경지대임
- 동측 인근에 평택-안성간 고속도로 청북I.C가 소재, 차량진입 가능하나, 진입로 협소하고 비포장상태임
- 토지1,2)북동향 경사지을 옹벽공사하여 지반평탄 조성한 장방형토지, 건물 기초공사중임, 공장예정부지임
- 토지3~7)은 부정형환경사지로 본건 및 인접지번의 진입도로 예정임
- 토지1,2)남,동측으로 노폭 약3~4m정도의 비포장진입로 개설된 상태임

참고사항
- 토지1,2) 목록상 "임야" 이나 공장신설승인을 받은 토지로 건물 기초공사가 (4기)진행중 공사중단된 상태임

사진 개발 중인 공장 경매사례

302

[PART 14 경매의 꽃 – 공장경매]

개발 완료된 공장의 경매 투자비법

개발 완료 된 공장이란 토지 + 건물 = 공장으로 경매로 나온 경우다. 이렇게 개발 완료 된 공장에는 산업단지 공장, 아파트형 공장, 개별입지 공장 등이 있다.

산업입지 및 개발에 관한 법률에 의해 산업단지 공장은 국가산업단지, 도시첨단산업단지, 농공단지, 일반단지 등으로 구분된다.

이러한 단지 내 공장이 경매로 진행될 시에는 낙찰자가 대인조건에 맞는지 확인해야 한다. 각 해당 산업단지 관리공단에 문의해서 몇 번지 공장을 경매로 받으려 하는데 조건이 어떻게 되느냐고 물어보면 담당자가 일반투자자는 안 된다, 실제 제조업을 해야 한다, 몇 년 제조업을 영위한 자만 가능하다, 여기는 외국인 산업단지를 위해 만들었기 때문에 외국인 투자자만 가능하다.. 등등 입주적격에 맞는 대인조건을 알려준다. 대인조건 맞지 않으면 낙찰을 받아도 입주계약 체결할 수 없다. 입주계약을 체결하지 못하면 1년 내 처분해야 한다.

이 기간 내 처분하지 못하면 이행강제금이 부과된다.
물론 최근 중국·베트남 등 저가 인력공급이 가능한 나라에 공장설립 진출이 많다보니 국내 산업 단지 등에서도 임대 등을 인정하는 경우 있지만 임대를 인정하지 않는 산업단지라면 낙찰 후에 매우 고통스러운 매각 압박을 받게 된다.

> **산업집적활성화 및 공장설립에 관한 법률 제40조**
>
> ① 경매나 그 밖의 법률에 따라 입주기업체의 산업용지 또는 공장등을 취득한 자가 그 취득한 날부터 산업통상자원부령으로 정하는 기간 내에 입주계약을 체결하지 못한 경우에는 그 기간이 지난 날부터 산업통상자원부령으로 정하는 기간 내에 이를 제3자에게 양도하여야 한다.
>
> **산업집적활성화 및 공장설립에 관한 법률 시행규칙 제40조**
>
> ① 법 제40조제1항에 따라 입주기업체의 산업용지 또는 공장등을 취득한 자가 입주계약을 체결하여야 하는 기간은 취득한 날부터 1년 이내로 한다.

아파트형 공장은 지자체 장이 융자를 지원하여 낮은 이자로 입주가 가능한 곳이다.

이곳이 경매 나오면 대인조건 적격에 맞는지 확인해야 한다. 또한 기존 사업주가 세금혜택을 받은 부분에 대한 추가 과세여부, 감면된 세금 여부, 취·등록세 등에 대한 추가과세 여부, 가산세 여부 등을 상세히 물어야 한다. 또한 거래규제 여부도 알아봐야 한다. 낙찰 받은 후 대인조건에 맞지 않으면 입찰보증금을 날릴 수 있다.

화재보험을 알아보아라

개별입지 공장은 공업지역에 설립된 공장과 비공업지역에 설립된 공장으로 나눠 볼수 있는데 매우 중요하게 검토할 사항이 많다.

먼저 해당 공장업종이 화재보험에 가입이 가능한지 알아보아라. 공장얘기에 뜬금없이 화재보험 얘기 하냐고 의아해 할 수 있는데 매우 중요한 사항이다.

공장을 사는 사람들 대부분이 대출 받는다. 은행에서 토지와 건물을 대출해 줄 때 건물에는 화재보험을 의무적으로 가입시킨다. 담보가치 손상에 대해 위험도를 제거하기 위함이다. 따라서 화재보험에 가입되지 않는 경우 현실적으로 대출이 되지 않는다.

모든 공장에 화재보험이 가능한 것이 아니다. 화재보험회사에서 과거 지급된 보험료 누적액을 분석하여 업종코드에 따라 가입불가로 정해놓은 업종이 있다. 대표적인 경우가 도로 공장, 폐기물 공장이다. 해당 업종이 화재보험에 가입이 되지 않으면 은행에서는 대출을 진행하지 않아 낙찰자는 잔금납부를 못하게 된다. 낙찰자가 여윳돈이 많아 100% 본인 자금으로 잔금을 낸다면 괜찮다. 하지만 대출을 받을 자라면 화재보험 가입가능 여부를 반드시 파악해야 한다. 실제 공장 경매 받아놓고 이런 문제로 대출 안 되어 고생하는 분들 의외로 많다. 만약 이렇게 대출이 안 되는 경우 필자 나름대로 풀어나가는 방식이 있다. 지면 관계상 다 말씀을 못 드리니 이런 문제로 고생하는 분들은 직접 찾아오기 바란다.

용도지역을 봐라

　자연녹지, 생산녹지, 생산관리, 보전관리지역이라면 문제소지가 있다.

　공장설립 당시에는 관리지역이었는데 이 후 용도지역이 바뀌었다면 공장업종이나 임차인 업종 등에 제약이 있다. 공장을 낙찰 받은 후 신규업종코드 들어올 때 제약이 심한 것이다. 업종코드마다 환경, 소음, 진동, 폐수 등 여건이 있는데 이렇게 용도지역이 바뀌면 규제가 더욱 강화되어 이런 곳에 들어 갈 수 있는 공장은 단순히 조립만 가능한 공장들만 입점이 가능하다. 일명 무늬만 공장이다.

　계획관리지역 공장이라면 개별입지공장에서는 최고의 용도지역이다. 하지만 이후 이 지역이 녹지지역으로 바뀌었다면 얘기가 달라진다. 입점 가능한 산업코드가 확 줄어들어 기존에 가능했던 나머지 업종이 못 들어오기 때문이다. 임대를 놓으려 해도 임차인의 산업코드와 맞지 않아 임차인이 맘대로 들어 올 수가 없다.

전용기간을 따져라

해당 공장이 농지전용허가를 받았는지, 산지전용허가를 받았는지, 이 기간이 5년이 경과되었는지 여부는 매우 중요하다.
농지에서 전용하여 공장을 만들었고 5년이 미경과 되었다면 여기서는 폐수 배출시설에 대한 문제가 있는 업종은 못 들어간다. 경매, 일반매매 마찬가지다.

실제 사례다.
경매로 공장을 낙찰 받은 B.
이곳에 압출식 제품을 만드는 공장을 가동하고자 생각한 것이다. 하지만 예상치 못한 난관에 부딪친다. 이 공장이 농지에서 전용하여 5년이 안된 곳이었다. 농지전용허가 5년 이내 다른 용도로 사용코자하는 경우 용도변경승인을 받아야 하는데 해당법에 의해 폐수배출시설의 공장은 용도변경승인이 되지 않는다.

> **농어촌정비법 제22조(저수지 상류지역에서의 공장 설립 제한)**
> ① 농어촌용수의 수질 보전을 위하여 저수지 상류지역 중 대통령령으로 정하는 지역에서는 「산업집적활성화 및 공장설립에 관한 법률」 따른 공장 및 「산업입지 및 개발에 관한 법률」 따른 산업단지를 설립할 수 없다.
> ② 시장·군수·구청장은 제1항에도 불구하고 공장 및 산업단지 설립이 제한되는 지역 중 대통령령으로 정하는 지역에는 폐수배출시설이 아닌 공장 및 산업단지 설립을 승인할 수 있다.

뜨거운 플라스틱 제품이 압출되어 나오면 바로 식혀야 하는데 이는 바람과 물의 두 가지 방법이 있다. 상식적으로 생각해봐도 바람에 식히는 것보다 차가운 물에 넣어 식히는 게 빠르다는 것을 알 수 있다. 차가운 물을 사용하여 생산성을 높여야하는데 폐수배출시설은 안 되니 물을 사용할 수 없다. 당연히 생산성이 떨어지며 공장을 낙찰 받은 의미가 사라지는 순간이다.

농업용수와 일정유하거리 내 공장시설은 폐수배출시설에 제한이 있다. 경매 낙찰 시 인근 농업용수 저수지가 있거나 거리가 가깝다면 이런 문제를 꼭 염두 하여라.

오폐수시설에 대한 설치가 없는 개별입지 공장들은 들어올 수 없는 것이다. 당연히 공장 입점이 가능한 수가 줄어든다.

공장은 누구나 들어 올 수 있는 여건을 만들어 주는 게 투자의 성공 포인트다.

경매 물건 중 그런 지역을 골라서 낙찰 받아야 할 것이다.

폐기물 우습게 보다 큰 돈 날린다

> **폐기물 관리법제33조(권리 · 의무의 승계 등) 2항**
>
> 「민사집행법」에 따른 경매, 「채무자 회생 및 파산에 관한 법률」에 따른 환가나 「국세징수법」·「관세법」 또는 「지방세기본법」에 따른 압류재산의 매각, 그 밖에 이에 준하는 절차에 따라 폐기물처리업자, 제29조에 따른 폐기물처리시설의 설치승인을 받거나 신고를 한 자, 폐기물처리 신고자 또는 전용용기 제조업자로부터 폐기물처리시설 등을 인수한 자는 허가·승인·등록 또는 신고에 따른 권리·의무를 승계한다. 이 경우 종전의 폐기물처리업자, 폐기물처리시설 설치자에 대한 허가, 승인, 폐기물처리 신고자의 신고 또는 전용용기 제조업자에 대한 등록은 그 효력을 잃는다.

아파트를 낙찰 받으면 명도하면 되지만 공장은 명도 후에 폐기물이 남아있는 경우가 많다. 제품은 생산해서 팔고 폐기물은 위탁처리하기로 했는데 처리비용이 많이 드니 계속 쌓아두는 것이다. 폐기물 처리비용은 일반 처리비용의 몇 배 이상이 들고 아예 처리 불가한 폐기물도 있다.

공장은 부도로 경매로 넘어갔고 낙찰자가 현장 가보니 폐기물이 쌓여있다. 잔금까지 납부한 낙찰자는 이를 해결하고자 폐기물 처리업체를 찾아간다. 지역마다 폐기물처리업체가 지역권을 갖고 있다. 예를 들어 화성에 있는 폐기물을 평택에 넘기지 못하고 관할 화성에 넘겨야 한다. 해당 지역의 폐기물업체에 연락을 하여 폐기물 처리를 문의하니 이 공장의 폐기물을 처리하지 않겠다는 답변이 돌아온다. 이유를 묻자 그 공장의 폐기물 60톤을 처리해주고 아직까지 받지 못한 돈이 있는데 그걸 낙찰자가 대신 납부하면 모를까 그렇지 않으면 처리를 못한다는 것이다.

아뿔싸!

공법상 인수주의다. 내 폐기물만 처리하는 게 아니라 그 동안 누적된 폐기물비용까지 지불해야 하는 것이다.

현재 그 공장을 경매로 받을 생각이면 무슨 업종을 했던 공장이었는지, 폐기물이 주기적으로 나오는 공장이었다면 처리비용이 미납된 것이 있는지, 야적된 폐기물이 있는지, 이에 대한 불이익이 있는지 여부를 반드시 확인해야 한다.

실제 현장에 가보면 폐기물 쌓아놓았던 통이 부식되어 터져 물이 공장 바닥에 줄줄 흘러 공장 바닥을 삭히면서 인접 논까지 흘러 들어가 농지까지 오염된 경우도 있다. 폭탄도 이런 폭탄이 없다.

10억 공장 5억에 샀어도 다 필요 없다. 인근 농지 보상하는 값은 몇 십억이며 결국 보상을 못하면 구속된다.

폐기물은 아무리 강조해도 지나치지 않다.

○○케미칼, ○○ 테크..등등. 이름만 들어도 이미 화학적 융합반응으로 폐기물이 나올 수밖에 없는 공장이다. 폐기물이 경미하면 모르지만 중대 폐기물이 나올 때는 낙찰시에 엄청난 불이익이 있다는 것을 항상 인지하라.

가격의 거품을 조심하라

지인분이 45억의 공장을 22억에 낙찰 받았다고 좋아한 적이 있다.

조사해 보니 1,400평의 공장 중에 진짜 공장은 400평이었고 1,000평은 야산이었다.

야산일부를 무단 개간하여 야적장처럼 쓰며 이곳까지 펜스를 쳐놓아 공장이 1,400평처럼 보인 것이다. 야산은 산지전용이 안되며 실제 공장면적을 따져보면 감정가 20억도 안 된다.

그렇다면 20억 공장이 어찌하여 45억으로 감정이 되었을까?

바로 공장저당법에 따라 가격이 상승한 것이다.

일반적으로 금융권에서 대출을 진행시 부동산에 저당권(보통 근저당권)을 설정하고 대출금을 지급한다.

공장을 영위하기 위해서는 기계 설비 등에 수십억원이 자금이 필요한 경우가 많은데 기계 등에는 저당권이 설정되지 않으니 100% 자본으로 사야 하는 일이 발생한다. 자금난에 기계를 사지 못하고 공장은 가동을 못하여 국가 산업 활성에도 손실이 발생한다. 이런 문제점을 해결하고자 공장은 공장저당법을 적용받아 재단목록을 만들어 토지·건물 외에도 기계설비를 포함하여 그 가치를 평가하여 저당권을 설정한다. 제조업하는 사람들의 금융지원서비스로 만든 게 공장저당법이라 생각하면 된다.

앞에서 말한 공장도 기계 설비까지 포함하여 45억의 감정금액이 나온 것이다.

22억에 낙찰 받고 현장에 가보니 기계는 고장이 났거나 이미 사양이 바뀌어 더 이상 사용하지 않는 기계라면 어찌하겠는가. 또한 기계 설비가 내 업종과는 맞지 않아 전혀 필요가 없다면 말 그대로 고철덩어리를 낙찰 받은 것이다.

45억 공장이 아니라 20억 공장을 22억에 낙찰 받은 결과인 꼴이다.

매각물건명세서에 공장저당법이란 단어가 보이거나 감정평가 목록에 기계설비 등이 포함되어 있다면 이 기계들을 뺀 실제 공장가치가 얼마인지 따져라.

반대의 경우도 있었다.

경매로 싸게 낙찰 받았는데 실제 이 기계가 고가라서 인근 해당 업종에 몇 억을 받고 팔아 인센티브가 생기는 경우도 있다.

[**PART 14** 경매의 꽃 – 공장경매]

공장크기와 도로크기의 함수

2,000평짜리 공장이 경매 나와서 낙찰 받았는데 진입도로가 3m 라면?

길이 구불구불하다면?

공장에서 대량생산한 물건의 운송을 위해 14.5m의 트레일러가 온다. 일반적인 축장차들이 들어와서 이 물건을 실어 나를 수가 없다. 트럭으로 물건을 실고 나갈 수 는 있지만 워낙 잦은 운송으로 비용이 많이 소요되어 트레일러가 대량으로 실고 나가는 것이 훨씬 이득인 경우가 많다.

긴 회전 반경을 확보해야 하는 트레일러의 특성상 도로 폭에 이에 못 미치면 들어올 수가 없다. 트레일러가 못 들어오면 대량물건의 반출이 어렵기에 대량생산하는 업종은 이곳을 기피하게 된다. 공장은 2,000평인데 500평 1,000평 정도만 쓰는 소형 제조업체 밖에 못 들어오는 것이다. 소형업체는 2,000평의 임대료 내며 이렇게 넓은 공간을 쓸 필요가 없기에 이곳을 기피하게 된다. 결국 임대료를 파격적으로 낮추는 방법 밖에는 없다.

경험상 1,000평짜리 공장은 4m 도로여도 충분했으나 1,000평을 넘어 2,000평 가까워지면 6~8m 도로가 확보되어야 한다. 또한 급 코너링이 없이 완만한 도로가 좋다. 급 코너링이 있으면 옆의 밭으로 운송차 바퀴가 빠진다. 해당 밭 주인이 민원 넣고, 카메라 설치하고, 벽돌쌓고, 싸움나고, 소송걸고.. 이런 경우 많이 보았다.

따라서 공장 현지답사 갈 때 도로 꼭 봐라

공장이 크면 도로도 커야한다. 도로가 작다면 공장 기능 발휘 못한다.

[**PART 14** 경매의 꽃 – 공장경매]

 높이 보아라

일단 공장 높이는 12m 이상 되어야 안정적이다. 이유는 공장 내부 기계설비를 위해서다.

사진 29 천장에 설치된 호이스트

천장에 설치된 호이스트가 물건을 들어 올리고 나르는데 천장 높이가 맞지 않으면 호이스트가 제대로 작동하지 못한다. 이런 경우 일일이 지게차로 물건 들어 올려야 하는데 시간과 인건비 더 든다.

경매 나온 공장에 현장답사를 가면 천장높이가 얼마인지 보아라. 12m는 눈대중으로 가능한데 이는 벽의 샌드위치 판넬 숫자를 세어 보는 것이다.

공장을 보면 철빔을 세워 샌드위치 판넬로 제작하는 경우 많은데 하나의 샌드위치 판넬이 1미터라면 이게 12개인지 보는 것이다. 만약 12m에 못 미친다 하더라도 최소한 8~9m는 되어야 한다. 그 미만 높이라면 밑에서만 작업하는 단순가공업체만 입점이 가능한데 이런 임차인은 아파트형 공장이나 일반 지역 공장에 가도 공장 영업할 곳이 많으므로 굳이 비싼 임대료 내며 이곳에 들어올 이유가 없다. 공장은 큰데 높이가 낮으니 이래저래 세입자를 얻을 수 없고 어쩔 수 없이 임대료가 낮아지게 된다.

명도의 심각성을 생각하라 1

공장의 명도는 문제가 심각하다. 특히 설비가 일부 지중 작업되어 있는 공장은 주의해야 한다.

분쇄기 같은 설비는 진동과 소음이 큰 관계로 인근주민에게 피해를 주게 되어 이런 설비는 처음 설치부터 땅 속에 기둥을 박아 설치한다. 이 설비가 전소유자 소유거나 해당 공장의 임차인 소유라면 이 공장의 낙찰자는 명도시에 이 기계설비등을 집행해야 한다. 기계설비 등을 들어내기 위해 땅을 파야하는데 이렇게 되면 명도비용이 대단히 많이 발생하고 바닥이 움푹움푹 파인다.

또한 위험물 변수가 있다. 대형 호이스트, 대형 보일러 등이 있다면 어떻게 할까?

물론 매각대상 물건에 포함되어 있다면 큰 문제가 없지만 매각대상물건에서 제외되었거나 임차인 소유라면 문제가 심각해진다.

산업안전 보건법 제48조

① 대통령령으로 정하는 업종 및 규모에 해당하는 사업의 사업주는 해당 제품생산 공정과 직접적으로 관련된 건설물·기계·기구 및 설비 등 일체를 설치·이전하거나 그 주요 구조부분을 변경할 때에는 이 법 또는 이 법에 따른 명령에서 정하는 유해·위험 방지 사항에 관한 계획서를 작성하여 고용노동부령으로 정하는 바에 따라 고용노동부장관에게 제출하여야 한다.

명도를 하려니 이런 기계·설비 등을 이전하려면 산업안전 보건법에 따라 유해·위험방지계획서를 작성, 해당 관련 서류를 제출하여 이전신청을 해야 한다. 전소유주 또는 세입자가 이전신청 하는 것이다. 명도로 쫓겨나는 마당에 이전 신청을 순순히 해줄지 만무하다. 끝내 설득이 안 되어 강제집행을 하려해도 쉽지 않다. 집행관이 현장에 나와 강제집행을 할 시에 해당 산업안전 보건법의 절차를 따르지 않고 이전을 한 집행관에게 귀책사유가 될 소지가 있어 집행관이 강제집행을 꺼리게 된다.

결국 순순히 이전도 안 되고 강제집행도 안 되어 명도가 불가능한 상황에 처하게 된다. 낙찰자가 '을'이 되는 순간이다.

따라서 공장 입찰시 해당 법률의 적용을 받는 설비가 무엇이 있는지 미리 파악해야 한다.

명도의 심각성을 생각하라 2

공장을 낙찰 받은 후 현장에 가보니 자재, 생산품, 설비 등이 있는 경우 조심해야 한다.

이 자재가 전소유자나 임차인 것이 아니라 자재를 납품한 사람 것인 경우가 있는 것이다. 또한 생산품은 계약으로 이미 팔린 제품인데 아직 출고만 안 된 것이다.

이런 경우 명도는?

명도대상자가 다른 사람이 되면 난항에 부딪친다.

설비도 이런 경우가 많다. 전소유자나 임차인 것이 아니라 리스회사 것이라면?

'본 설비는 ○○리스회사에서 리스 한 것이므로 소유권은 리스회사다'라는 표식까지 붙어있다. 점유 대상자를 명도했는데 리스 대상자를 상대로 또 다른 명도를 해야 하는 사태가 발생하는 것이다.

명도의 심각성을 생각하라 3

명도 집행 시 설비 보관 문제가 발생한다. 일반적으로 아파트 명도시에는 이사업체 컨테이너에 보관하는데 공장은 얘기가 달라진다.

이 공장은 기름을 많이 쓰는 업체로 강제집행 하려보니 공장안에 기름이 20드럼이 있다. 그렇다면 이 기름을 어떻게 해야 할까? 창고에 기름드럼을 쌓아놓으면 될까?

그렇지 않다.

기름은 위험물이니 위험물 저장처리시설을 빌려 비용을 들여 처리해야 하는데 이 때 비용이 예상보다 훨씬 많이 든다.

실제 갖고 있는 드럼은 20드럼이어도 위험물 처리업체는 다른 제품들과 섞이면 안되니 1,000드럼 용량에 보관하라고 한다. 내가 가진 용량이 20드럼이라고 20드럼 용량에 보관할 수 있는 것이 아닌 것이다. LPG 가스도 마찬가지다. 따라서 해당 공장에 위험물이 있는 지 처리비용은 얼마가 소요될지 미리 알아보고 입찰을 해야 한다.

이처럼 공장은 총체적으로 꼼꼼하게 살필 사항들이 많다.

실제 공장을 많이 낙찰 받고 명도하며 그들과 싸워보며 많은 경험을 해 본 사항들을 말한 것이다.

공장낙찰 너무 어렵고 복잡한가?

하지만 이런 모든 점을 미리 알고 대처 방안을 세워 들어간다면 문제해결이 한결 부드러우며 고수익을 창출할 수 있다. 남들은 진입하지 못하는 길인 것이다.

실제 공장은 다른 업종보다 임대료가 높으며 임차인이 매수하는 경우도 많다.

일정기간 후에 공장을 매각하려 하면 임차인이 자신에게 팔라고 하는 경우가 많은 것이다. 승압비용, 설비비용을 감안하면 다른 곳으로 이전하는 것보다 매수하는 것이 더 이득이기 때문이다. 이렇듯 임대와 매매에서 고수익을 창출할 수 있는 경매의 꽃이 바로 공장인 것이다.

저자약력

✽ 이주왕

   [주] 이라이트비전 대표이사
   [주] 보브에셋 대표이사
       KOK부동산학원 원장
   [현] 공인중개사협회 실무교육 부동산 공법 교수
   [현] 건국대학교 미래지식교육원 부동산경매
       전문가과정 및 최고위 과정 교수
   [현] 서울사이버대학교 부동산학과 겸임교수
   [현] 해커스 부동산경매 교수
   [현] 에듀윌 부동산경매 교수
   [현] 메가랜드 부동산경매/중개실무 교수
   [현] 대구 영남대 부동산 최고위 과정 겸임교수
   [현] 창원 경남대 부동산 최고위 과정 겸임교수
   [현] 매일경제 부동산경매 멘토 스쿨 교수

   • 저서
     '왕교수가 알려주는 부동산공법경매 100억 부자되는 비법'
     '명품토지중개실무'
     '문재인시대 부동산 트렌드'

왕교수가 알려주는 **부자되는 100억 경매**

2023년 10월 20일 초판 발행

저　　　자	이주왕
발　행　인	김은영
발　행　처	오스틴북스
주　　　소	경기도 고양시 일산동구 백석동 1351번지
전　　　화	070)4123-5716
팩　　　스	031)902-5716
등 록 번 호	제396-2010-000009호
e - m a i l	ssung7805@hanmail.net
홈 페 이 지	www.austinbooks.co.kr
ISBN	979-11-88426-83-6(03320)
정　　　가	22,000원

* 이 책은 저작권법에 따라 보호받는 저작물이므로 무단 전재와 무단 복제를 금합니다.
* 파본이나 잘못된 책은 교환해 드립니다.
※ 저자와의 협의에 따라 인지 첩부를 생략함.